Oldenbourg Interpretation
Band 23

Oldenbourg Interpretationen
Herausgegeben von
Klaus-Michael Bogdal und Clemens Kammler

begründet von
Rupert Hirschenauer (†) und Albrecht Weber

Band 23

Thomas Mann

Buddenbrooks

Interpretation von Fred Müller

Oldenbourg

Die Seitenangaben in Klammern beziehen sich auf folgende Ausgabe:
Thomas Mann, Buddenbrooks, 812.–836. Tausend, Frankfurt a. M. 1996
(Fischer-Taschenbuch 9431).

Zitate sind halbfett gekennzeichnet.

Bibliografische Information der Deutschen Nationalbibliothek:
Die Deutsche Nationalbibliothek verzeichnet diese Publikation in der Deutschen Nationalbibliografie; detaillierte bibliografische Daten sind im Internet über <http://dnb.ddb.de> abrufbar.

Das Papier ist aus chlorfrei gebleichtem Zellstoff hergestellt, ist säurefrei und recyclingfähig.

Bei Zitaten, Literaturangaben und Materialien im Anhang ist die neue Rechtschreibung noch nicht berücksichtigt.

3., überarbeitete Auflage 1998
Druck 13 12 11 10 09
Die letzte Zahl bezeichnet das Jahr des Drucks.

Umschlagkonzept: Mendell & Oberer, München
Umschlag: Stefanie Bruttel
Umschlagbild: © IFA-Bilderteam, Ottobrunn/München; Fotografin: Birgit Koch
Typografisches Gesamtkonzept: Gorbach GmbH, Buchendorf
Lektorat: Ruth Bornefeld
Herstellung: Verlagsservice Dr. Helmut Neuberger
& Karl Schaumann GmbH, Heimstetten
Satz: jürgen ullrich typosatz, Nördlingen
Druck und Bindung: Himmer AG, Augsburg

ISBN: 978-3-637-88604-9

Inhalt

1 Entstehung und Rezeption

Buddenbrooks ist einer der meistgelesenen und bekanntesten Romane der neueren deutschen Literatur. Er wurde in fast alle europäischen Sprachen, sogar ins Arabische, Indische, Japanische übersetzt und brachte seinem Autor schon früh weltweite Berühmtheit ein.

Als der Roman um die Jahrhundertwende erschien (Ende 1900, mit dem Erscheinungsjahr 1901), war Thomas Mann 25 Jahre alt. Er hatte in seiner Geburtsstadt Lübeck die höhere Schule bis zum Bestehen der Matura besucht (was heute etwa der mittleren Reife entspricht), war dann nach München gezogen (1894), wohin seine Mutter nach dem Tod seines Vaters übergesiedelt war, und hatte sich dort – nach kurzer Anstellung bei einer Versicherungsgesellschaft – als Student niedergelassen, allerdings ohne es tatsächlich zu sein. Thomas Mann hörte Vorlesungen über Nationalökonomie, Literatur und Kunst.

1896 begab er sich mit seinem Bruder Heinrich auf eine eineinhalbjährige Reise nach Italien, die ihn nach Venedig, Rom, Neapel und Palestrina führte. Hier, in der ganz anders gearteten italienischen Umgebung, beginnen die Arbeiten an dem Roman *Buddenbrooks*, der – abgesehen von einzelnen Episoden – ausschließlich die Heimatstadt Lübeck zum Schauplatz hat.

Thomas Mann hatte sich schon vor der Abfassung der *Buddenbrooks* literarisch betätigt. Von ihm waren in verschiedenen Zeitschriften (darunter auch im ***Simplicissimus***) Erzählungen erschienen: *Gefallen, Der Wille zum Glück, Der kleine Herr Friedemann.* Thomas Mann schickte die in München entstandene Novelle *Der kleine Herr Friedemann* (erschienen Mai 1897) an die ***Neue deutsche Rundschau.*** Der Redakteur Oskar Bie forderte darauf den Autor auf alles bisher Geschriebene einzusenden. Der Novellenband *Der kleine Herr Friedemann* wird vorbereitet. Weitere Novellen: *Der Tod* (***Simplicissimus,*** Januar 1897), *Der Bajazzo* (***Neue deutsche Rundschau,*** Januar 1897), *Tobias Mindernickel* (***Neue deutsche Rundschau,*** Januar 1898), *Luischen* (***Die Gesellschaft,*** Bd. 1, 1900).[1]

1897, nach den Vorarbeiten in Palestrina, beginnt Thomas Mann dann in Rom mit der Niederschrift des Romans *Buddenbrooks.*

> **In Rom also schichtete ich langsam Blatt auf Blatt die ersten Teile auf, und ein schon auffallend stattliches Manuskript begleitete mich nach München, wo ich zu schreiben fortfuhr. Ja, was war im Begriffe, aus den zweihundert-**

fünfzig Seiten zu werden! Die Arbeit schwoll mir unter den Händen auf, alles nahm ungeheuer viel mehr Raum (und Zeit) in Anspruch, als ich mir hatte träumen lassen; während ich mich eigentlich nur für die Geschichte des sensitiven Spätlings Hanno und allenfalls für die des Thomas Buddenbrook interessiert hatte, nahm all das, was ich nur als Vorgeschichte behandeln zu können geglaubt hatte, sehr selbständige, sehr eigenberechtigte Gestalt an. (In: *Lübeck als geistige Lebensform*. E 3, 20)

Diese **Vorgeschichte** gibt dem Roman in der Tat sehr bald epische Ausmaße. In ihm stellt Thomas Mann Blüte und Niedergang einer Lübecker Kaufmannsfamilie in vier Generationen dar, und zwar auf realistische und zugleich ironische Weise. Mit Realismus ist hier nicht nur eine Kennzeichnung des literarischen Stils gemeint. Thomas Manns Realismus geht weiter: Er zeichnet die Figuren seines Romans nach tatsächlich existenten Vorbildern und benutzt hierfür Angehörige seiner Familie, Personen aus dem ehemaligen Bekanntenkreis in Lübeck und andere Lübecker Bürger.

In Palestrina Wohnung im Albergo Casa Bernardini: Vorarbeiten zu *Buddenbrooks*: genealogische und chronologische Skizzen, Erkundigungen nach Familienereignissen und Lübecker städtischen Verhältnissen bei seiner Schwester Julia und Onkel Wilhelm Marty.[2]

Die Modelle der im Roman dargestellten Personen fühlten sich allerdings keineswegs geschmeichelt. Man verstand den Roman als einen Schlüsselroman, fühlte sich als Karikatur verzeichnet und der öffentlichen Lächerlichkeit preisgegeben und reagierte entsprechend heftig und unwillig auf den jungen Autor. Thomas Mann wies diese Vorwürfe ebenso entschieden zurück. Für ihn war die Darstellung, Zeichnung und auch Verzeichnung tatsächlich existierender Personen nur ein Mittel zum Ausdruck eigener Vorstellungen. Er versteht die Empörung und Enttäuschung seiner ›Modelle‹: **So also sah er uns? So kalt, so spöttisch-feindselig, mit Augen, so liebeleer?**, lässt er sie in seinem Essay *Bilse und ich* sagen (E 1, 46). Aber die Darstellung Lübecks, der Lübecker, diente ihm nur als Mittel der Selbstdarstellung: **Nicht von Euch ist die Rede, gar niemals, seid des nun getröstet, sondern von mir** […] (E 1, 50).

Es hat lange gedauert, bis die Lübecker mit Thomas Mann Frieden schlossen – und er mit ihnen. Katia Mann, Thomas Manns Frau, äußert in ihren *Ungeschriebenen Memoiren:* **Thomas Manns Verhältnis zu Lübeck, oder besser das Verhältnis der Lübecker zu Thomas Mann, war ja zeit seines Lebens ein Kapitel für sich. Wie Frau Senator Mann, seine Mutter, wie Gerda Buddenbrook, wie Hanno, wie Tonio war er dort ein fremder Vogel.**[3]

Und Thomas Mann findet erst fast dreißig Jahre später, im Vortrag *Lübeck als geistige Lebensform*, rückblickend versöhnliche Worte:

> Es kam der Tag und die Stunde, wo mir klar wurde, daß niemals der Apfel weit vom Stamme fällt; daß ich als Künstler viel ›echter‹, viel mehr ein Apfel vom Baume Lübecks war, als ich geahnt hatte; daß diejenigen, die, beleidigt durch gewisse kritische Schärfen des Buches, einen Abtrünnigen und Verräter, einen Entfremdeten hatten in mir sehen wollen, tatsächlich im Unrecht gewesen waren und daß es sich nicht nur bei diesem Buch, sondern auch bei allen anderen, bei meinem ganzen Künstlertum, meiner ganzen Produktivität, so bedeutend oder unbedeutend sie nun sein mochte, nicht um irgendwelches bohemisierte und entwurzelte Virtuosentum, sondern um eine Lebensform, um Lübeck als geistige Lebensform handelte. (E 3, 25)

1955 wurden Thomas Mann die Ehrenbürgerrechte der Stadt Lübeck verliehen.

Außerhalb Lübecks hatte der Roman bei seiner Aufnahme zwar anfangs Schwierigkeiten, dann aber bald ungewöhnlich großen Erfolg. Thomas Mann schreibt hierzu in seinem *Lebensabriss:*

> Man darf nicht glauben, daß das Buch sogleich leichtes Spiel hatte. Die Befürchtungen des Verlegers schienen sich zu erfüllen. Niemand hatte Lust, für das ungefüge Produkt eines obskuren jungen Verfassers soviel Geld anzulegen. Die Kritik fragte mißgelaunt, ob etwa die mehrbändigen Wälzer wieder Mode werden sollten. Sie verglich den Roman mit einem im Sande mahlenden Lastwagen. Freilich wurden bald aus dem Publikum und in der Presse auch andere Stimmen laut. Ich horchte auf, als der Inhaber der Buchhandlung Ackermanns Nachf. in der Maximilianstraße, Carl Schüler, ein guter Bekannter aus der Zeit des Akademisch-dramatischen Vereins, mir gratulierte: Er habe gehört, sagte er, ich hätte einen großen Treffer gemacht. Dieser Meinung war namentlich ein kranker und längst verstorbener jüdischer Kritiker namens Samuel Lublinski, der im *Berliner Tageblatt* mit sonderbarer Bestimmtheit erklärte, dies Buch werde wachsen mit der Zeit und noch von Generationen gelesen. So weit ging außer ihm niemand. Immerhin wurde im Lauf eines Jahres die erste Auflage von eintausend Exemplaren verkauft, und jetzt erhielt der Roman die Gestalt, in der er seine erstaunliche, am wenigsten von seinem Autor vorausgesehene Laufbahn beginnen sollte. Dringlichen Ratschlägen zugänglich, deren Spender sich auf den vorausgegangenen Bucherfolg von Frenssens *Jörg Uhl* beriefen, veranstaltete der Verlag die einbändige 5-Mark-Ausgabe mit Wilhelm Schulzens biedermeierlicher Umschlagzeichnung, und alsbald, während die preisenden Pressestimmen, selbst in ausländischen Blättern, sich mehrten, begannen die Auflagen einander zu jagen. Es war der Ruhm. Ich wurde in einen Erfolgstrubel gerissen, wie ich ihn später noch zweimal, binnen weniger Jahre, an meinem fünfzigsten Geburtstag und jetzt bei Verleihung des Nobelpreises, jedesmal mit gemischten Gefühlen, voller Skepsis und Dankbarkeit, erlebt habe. Meine Post schwoll an, Geld strömte herzu, mein Bild lief durch die illustrierten Blätter, hundert Federn versuchten sich an dem Erzeugnis meiner scheuen Einsamkeit, die Welt umarmte mich unter Lobeserhebungen und Glückwünschen […] (E 3, 192 f.)

Ähnliches erinnert Katia Mann in ihren *Ungeschriebenen Memoiren.* Zur Herausgabe der billigen Volksausgabe musste der Verleger Fischer erst vom Autor und seiner Frau gedrängt werden. Dann allerdings war es ein Riesenerfolg:

> **Fischers Druckerei in Leipzig kam bald mit dem Drucken und Nachdrucken nicht mehr nach, kleine, weniger beschäftigte Druckereien in der Provinz mußten einspringen. Überall liefen die Rotationsmaschinen nur noch mit *Buddenbrooks*, und viele Leipziger Bindereien banden gleichzeitig das Buch. Eine Autokolonne von vierzig Lastwagen belieferte am Erscheinungstag die Buchhandlungen Berlins. Überall in den Illustrierten war dieser Bücherzug abgebildet. Es war eine Sensation und ein gigantischer Erfolg, gleichzeitig natürlich eine ganz bedeutende Einnahme für den Verlag wie für uns. Aber Fischer wollte es anfangs nicht hören. Er war so hartnäckig, und in solchen Fällen bin ich dann mit ihm aneinandergeraten, ›mit dem Dolch im Gewande‹; aber ich habe ihn gern gemocht.[4]**

(Vgl. zur Rezeption auch das Kapitel »Materialien«, Abschnitt »Reaktionen und Rezensionen« dieser Interpretation. – Eine ausführliche Besprechung der Rezeption des Romans bietet das Kapitel ›Rezeption‹ in Moulden, Ken und Wilpert, Gero v.: *Buddenbrooks-Handbuch.*)

2 Grundsätzliche Überlegungen zur Interpretation

2.1 Interpretation in Anlehnung an den Autor

Thema der *Buddenbrooks* – dies wurde schon angedeutet – ist Blüte und Niedergang einer großbürgerlichen Lübecker Kaufmannsfamilie oder »Verfall einer Familie«, wie es kürzer im Untertitel des Romans heißt. Der große Erfolg, den der Autor mit diesem Buch hatte, lässt sich nicht allein aus seiner Thematik erklären. Literarische Darstellungen des Großbürger- und Kaufmannstums gab es zum Ende des vorigen Jahrhunderts in großer Zahl. Die große Resonanz, die die *Buddenbrooks* fanden und immer noch finden, muss in der besonderen Art der Darstellung ihres Themas liegen. Hierüber haben nicht nur Interpreten des Romans, sondern auch sein Autor selbst Überlegungen angestellt. Ursprünglich sollten die *Buddenbrooks* – autobiografisch konzipiert – eine weitere Variation des Motivs bringen, das der Autor schon in so vielen Erzählungen vorher behandelt hatte: das Leiden und Zerbrechen eines sensiblen ›Helden‹, der als Verkörperung des Künstlertums dargestellt wird, am Leben **in seiner höhnischen Härte und Gewöhnlichkeit.** (In: *Zu einem Kapitel aus Buddenbrooks.*)[5]

In diesem Scheitern am Leben drückt sich jedoch zugleich eine Kritik am Leben aus. In dieser Doppelbödigkeit, die den künstlerischen ›Helden‹ der Erzählungen zugleich als unterlegen und überlegen darstellt, sieht Thomas Mann den Ursprung aller Ironie, die für sein Werk so kennzeichnend ist.

> **Die Kritik des Lebens, der Wirklichkeit und auch der menschlichen Gesellschaft durch die Kunst, – ist sie denn nicht immer eine Kritik, geübt von einem kleinen Hanno? Es birgt diese Frage die Quelle aller Ironie, die der Geist gegen sich selbst richtet, – und die seinem Stolz, seinem heimlichen Überlegenheitsbewußtsein merkwürdigerweise so wenig Abtrag tut.**[6]

Aber der Roman wuchs über diese Anlage hinaus, und zwar zunächst gegen Willen und Absicht des Autors. Thomas Mann spricht in diesem Zusammenhang vom **Eigenwillen** des **Werkes** (E 3, 21), der ihn dazu getrieben habe, der Künstlernovelle die so umfangreiche Vorgeschichte voranzustellen. Und hierdurch erhält – nach Thomas Mann – der Roman seine spezifische Aussagekraft. Aus der autobiografischen Sphäre wächst der Roman zu einer kulturgeschichtlichen Darstellung, zur **Seelengeschichte des deutschen Bürgertums überhaupt** (E 3, 23), und **statt der Knabennovelle, die sich nicht viel von anderen damals in Deutschland hervorgebrachten unterschieden hätte,** entstand **ein als Familiensaga verkleideter Gesell-**

schaftsroman, der als solcher dem westeuropäischen Typ des Romans näherstand als dem deutschen.[7]

Damit wird – nach THOMAS MANN – dieser Roman, der eigentlich Persönlichstes darstellen wollte, zum Ausdruck der seelischen Situation des europäischen Bürgertums seiner Zeit. Man erkennt sich in ihm wieder, sieht in den Mitgliedern der Familie Buddenbrook symbolisch dargestellt, wie sich die Traditionen des Großbürgertums auflösen, gleichzeitig aber Raum gegeben wird für künstlerische Empfindsamkeit, Differenziertheit und Produktivität. In dieser Allgemeingültigkeit sieht THOMAS MANN den Grund für die große Resonanz, die dieser Roman gehabt hat. Und viele Interpreten, die im Verfasser eben den besten Interpreten des eigenen Werkes sehen, sind THOMAS MANN hierin bereitwillig gefolgt.

2.2 Interpretation in Abgrenzung zur Selbstdarstellung des Autors

Es gibt aber – besonders in jüngster Zeit – auch Untersuchungen, die der Selbstinterpretation des Autors kritisch gegenüberstehen. Während H. Anton in seiner Arbeit *DIE ROMANKUNST THOMAS MANNS* schreibt: [...] **und die Deutung seiner Romane kann Prinzipien befolgen, die er selbst angewandt und formuliert hat**[8], so betrachtet etwa Martin H. Ludwig den Roman aus einer ganz anderen Perspektive, indem er ihn – nach eigenen Worten – einer Analyse unterzieht, **die konsequent sozialgeschichtliche Erkenntnisse anhand der von Weimann entwickelten Leitbegriffe bei der Betrachtung des literarischen Textes verwendete.**[9]

Ludwig meldet Zweifel daran an, dass der Roman **als Paradigma für den Untergang des Bürgertums überhaupt angesehen** werden könne.[10] Das 19. Jahrhundert, in dem der Roman spiele, sei tatsächlich für das Bürgertum nicht eine Zeit des Niedergangs und Verfalls, sondern gerade des Aufschwungs gewesen. Ludwig vergleicht die Handlung der *BUDDENBROOKS* mit der Sozialgeschichte des 19. Jahrhunderts im Einzelnen und weist nach, dass die ›Verfall‹-Stimmung des Romans vom Schopenhauer-Erlebnis des Autors herrührt, also autobiografischer Natur ist, und vom Autor nur auf die Situation des Bürgertums übertragen wurde. Diese Darstellung sieht den Autor THOMAS MANN nicht als Repräsentanten des Bürgertums, sondern vielmehr als Anhänger einer kontemplativen Betrachtungsweise, als außenstehenden Künstler im Sinne Schopenhauers. Nach Ludwig waren sowohl THOMAS MANN als auch Schopenhauer eigentlich keine Bürger, sondern finanziell abgesicherte, am Produktionsprozess nicht mehr teilnehmende **Rentner** (der Begriff wird in Anlehnung an Horkheimers und Schwarz' Arbeiten über Schopenhauer verwendet; Literaturangaben bei Ludwig).

Als solcher gibt THOMAS MANN – nach Ludwig – seinem eigenen, aus

Beschäftigungslosigkeit und Langeweile entstandenen Lebensstil im Roman künstlerischen Ausdruck und entspricht damit zwar der Fin-de-Siècle-Stimmung der Gebildeten um die Jahrhundertwende, aber keineswegs dem Selbstgefühl des Bürgertums zu dieser Zeit.

Ähnlich kritisch gegenüber den Selbstdeutungen des Autors TH. MANN – aber doch unterschiedlich im Ergebnis – äußert sich Jochen Vogt. In seiner Interpretation *THOMAS MANN. BUDDENBROOKS* nennt er einleitend die Schwerpunkte seiner Untersuchung. Es geht ihm einerseits um sozialgeschichtliche und -psychologische, andrerseits um erzähltechnische Aspekte des Romans.[11] Hinsichtlich des erstgenannten Aspekts kommt Vogt dabei zu dem Ergebnis:

> Die Darstellung des sozialgeschichtlichen Prozesses wird in den *BUDDENBROOKS* zunehmend überlagert von einer Entwicklung (›Verfall einer Familie‹!), die als Einzelfall oder besser noch: als fiktionale Umformung der Realität, angesehen werden muß. Der Roman ist also einerseits epische Veranschaulichung sozialen Wandels, andererseits aber auch eine durchaus ›eigenartige‹ Geschichte, deren Allgemeingültigkeit nicht ohne weiteres verbürgt ist. Vielmehr scheint sie einer individuellen Welt- und Gesellschaftssicht, einer spezifischen Ideologie des Autors zu entspringen [...][12]

Dies wird am Abschluss der Untersuchung noch einmal bekräftigt:

> Für die Frage nach dem Verhältnis von Sozialgeschichte der Familie und erzählter Familiengeschichte, die in unserer Interpretation verschiedentlich schon gestellt war, ergibt sich von hier aus das Fazit: Der Roman folgt dem idealtypischen Strukturwandel der Familie solange, als es problemlos möglich ist, die epische Strukturlinie des vitalen Verfalls und der dekadenten Sensibilisierung in diesen Verlauf einzupassen. Denn eben dieser Linie gilt das primäre Erzählinteresse. Kritisch wird es dort, wo sozialhistorisch eine Stabilisierung der bürgerlichen Kleinfamilie, ihre autoritäre Verhärtung im Kaiserreich hätte konstatiert werden müssen – oder auch, gegenläufig-individueller Erfahrung folgend, wo die Familie als Schutzraum gegen und Kraftquell für den Lebenskampf hätte gezeigt werden können. Beides wäre mit der Verfalls-Linie nicht mehr zusammengegangen; folglich hört in der erzählten Geschichte die Familie auf, Familie zu sein. Der Roman kann nicht mehr ohne weiteres als Widerspiegelung sozialhistorischer Verläufe gelesen werden wie teilweise noch in seinen frühen Teilen.[13]

Diese Aussagen richten sich deutlich gegen die bereits zitierten, vom Autor TH. MANN gegebenen Selbstkommentare.

Hinsichtlich der erzähltechnischen Aspekte des Romans behandelt Vogt die Stellung und Funktion des Erzählers, die **doppelte Optik** (mit der TH. MANN Episoden und Details symbolische Bedeutung und Tiefe verleiht) sowie die Technik des Leitmotivs, besonders aber **die Verschiebung von chronikalischem und psychologisierendem Erzählen als dem epischen Kunstgriff [...], der die *BUDDENBROOKS* unverwechselbar macht.**[14]

Besonders aufschlussreich sind Vogts Untersuchungsergebnisse über die Entwicklung der Familie Buddenbrook vom 18. bis ins ausgehende 19. Jahrhundert, die sich im Verlauf der Romanhandlung von der Gemeinschaft des **großen Hauses** (sämtliche Familienmitglieder, entfernte Verwandte, Bekannte, Freunde, Hausangestellte umfassend) immer weiter zurückbildet, bis es fast zur gänzlichen Isolierung der verbliebenen einzelnen Familienmitglieder kommt (am Schluss der *BUDDENBROOKS*).

Hans Wysling gibt in seiner 1986 entstandenen Untersuchung eher eine psychologisch ausgerichtete Deutung des Romans. Ausgehend von brieflichen Äußerungen TH. MANNS gegenüber seinem Jugendfreund Otto Grautoff zeichnet Wysling die Entwicklung nach, die das Verhältnis des Autors zu seinem Stoff von den ersten Konzeptionen (1895) bis hin zur Fertigstellung des Romans (1900) genommen hat. Zuerst war nur an die Abfassung einer kleinen Geschichte gedacht, in der Verwandte und Mitbürger, **die einem das Leben sauer gemacht hatten,** verspottet werden sollten.[15] Aber: **Was vage als Ulkunternehmen geplant war, das einigen Eingeweihten Vergnügen bereiten sollte, wuchs sich dem jungen Schriftsteller fernab im steinernen Saal zu Palestrina zu einem Erinnerungs- und Selbsterforschungswerk großen Stils aus.**[16] Und nicht nur zur Selbsterforschung wurde – nach Wysling – der Autor durch die Niederschrift der *BUDDENBROOKS* geführt, sondern dieser Prozess hatte darüber hinaus auch **psychohygienische**[17] und selbsterzieherische Funktionen. Wysling zeigt auf, wie in den beiden Romanfiguren Thomas und Christian Buddenbrook **Möglichkeiten** gespiegelt werden, **die der Autor in sich selbst angelegt sah,** in Thomas der Wille zur Arbeit, Pflichterfüllung, Repräsentation, in Christian dagegen alles, was dem jungen Autor **an sich selbst Angst macht,** vor allem **jene Haltlosigkeit, von der Thomas Mann und sein Bruder sich selbst heimgesucht fühlten.**[18] Nach Wysling ging es dem jungen Autor bei der Abfassung des Romans vor allem **um Selbstanalyse. Zu diesem Zweck teilt er sich in Rollenfiguren auf und identifiziert sich teilweise mit ihnen.**[19]

Die Neigung zu innerer Haltlosigkeit und Desorientierung, wie sie dem Autor zum Problem wurde und wie sie sich besonders ausgeprägt in der Person Christians zeigt, sieht Wysling als ein typisches Symptom für die Stimmung der Décadence des Fin de Siècle. **Das Private wird geistesgeschichtlich repräsentativ.**[20]

Nach Wysling projizierte TH. MANN das eigene Dekadenzerlebnis auf die verschiedenen Mitglieder einer Großfamilie und mehrere Nebenfiguren und strukturiert es, sodass der Prozess des **Verfalls einer Familie** abläuft. Wysling legt Wert darauf, dass dieser Verfall nicht als exemplarisch für den Niedergang des Bürgertums zur damaligen Zeit gesehen wird.[21]

Dagegen sieht Georg Wenzel im **Verfall** der Familie Buddenbrook durchaus Aspekte, in denen sich die Entwicklung des Bürgertums im späten 19. Jahrhundert widerspiegelt. Mit dem Roman in seiner endgültigen Form, so schreibt Wenzel, liege

> eine enzyklopädisch anmutende Geschichte deutschen Bürgertums vor. Die Dialektik dieser Geschichte in ihrem Aufwärts und Abwärts, ihrem Werden und Vergehen, ihrer Spannung aus dem Leistungswillen moderner Helden und dem unabwendbaren Verhängnis, dem diese ausgeliefert sind, ist zugleich symptomatisch für das bürgerliche Zeitalter am Ausgang des 19. Jahrhunderts.[22]
> Der ›Verfall‹ als historischer Vorgang, als Ausdruck wirtschaftlichen Konkurrenzkampfes und einer gnadenlosen sozialen Umschichtung innerhalb der bürgerlichen Welt des 19. Jahrhunderts sowie als subjektives Problem einer schrittweisen geschichtlichen Entmündigung einer Generation, wird in seiner ganzen Spannweite aufgedeckt.[23]

In der Analyse der beiden Romanfiguren Thomas und Christian Buddenbrook kommt Wenzel zu ähnlichen Ergebnissen wie Wysling. Den engen autobiografischen Bezug zur psychischen Situation des jungen Th. Mann (wie Wysling) stellt Wenzel jedoch nicht her.

3 Aufbau des Romans, inhaltlicher Abriss

Das Problem, vor das der Roman seinen Leser und seinen Interpreten zunächst stellt, ist das einer sehr großen Stofffülle. Die Romanhandlung ist nicht nur umfangreich, sondern auch kompliziert. Sie präsentiert mehrere Hauptpersonen in vier Generationen und recht viele Nebenpersonen. Hierdurch wird – bei aller Anschaulichkeit in den Einzelszenen – der Gesamtüberblick erschwert. Aus diesem Grunde ist es für eine Interpretation des Romans wichtig, seine komplizierte Handlung und Struktur durchschaubar zu machen. Erst hierdurch werden viele Beziehungen einzelner Teile zum Ganzen wirklich deutlich.

Eine Bewältigung der Stoffmasse des Romans kann auf verschiedene Weise erfolgen, so z. B.

a) vom Äußerlich-Formalen ausgehend, durch das Aufzeigen der Einteilung in Teile und Kapitel, wie der Autor sie vorgenommen hat;
b) auf zeitlicher Basis, durch Aufzeigen und Vergleich der erzählten Zeit und der Erzählzeit und durch Heranziehung des historischen Hintergrundes;
c) von der Handlungsführung her, z. B. durch die Betrachtung der Aufeinanderfolge der einzelnen Generationen in dieser Familiengeschichte und damit durch das Aufzeigen einer Entwicklung, wie dies der Untertitel des Romans, »Verfall einer Familie«, anbietet;
d) ist auch eine Charakterisierung der einzelnen Hauptpersonen aufschlussreich. Weite Teile der Handlung der Familiengeschichte lassen sich durch die Eigenart der Hauptakteure erklären.

Der folgende Überblick versucht vor allem die Möglichkeiten a–c zu verbinden. Er ist nicht als Nacherzählung gedacht, sondern soll in einer gerafften Darstellung der Romanhandlung eine Grundlage für weitere Interpretationen geben. Eine Charakterisierung der Hauptpersonen gibt das folgende Kapitel.

Zunächst einige allgemeine Bemerkungen:

a) Der Roman ist in elf Teile gegliedert, diese sind wiederum in verschiedene Kapitel unterteilt.
b) Der Roman spielt in der Zeit von 1835 bis 1877, umfasst also einen Zeitraum von 42 Jahren. Rückblicke greifen noch über das Jahr 1835 zurück.
c) Die einzelnen Generationen erscheinen neben-, nicht hintereinander; außer Hanno treten alle Hauptpersonen schon im ersten Teil auf.

d) (Schon für die Romanhandlung wichtig!): Die männlichen Repräsentanten der vier Generationen in der Familie lassen sich grob durch ihre geistige Zugehörigkeit charakterisieren. So lebt und denkt Johann Buddenbrook, der Vertreter der ältesten Generation, in den Vorstellungen der Aufklärung. Sein Sohn, der Konsul, erscheint als verspäteter Pietist. Dessen Sohn Thomas, der Senator, wendet sich gegen Ende seines Lebens einer Philosophie zu, die sich aus Gedanken Schopenhauers und Nietzsches speist. Hanno schließlich ist ganz unter dem Einfluss der rauschhaften Musik Richard Wagners zu sehen.

Geht man die Handlung des Romans im Einzelnen, Teil für Teil, durch, so ergibt sich folgender Ablauf:

1. Teil: 28 Seiten, 10 Kapitel, Zeit: Oktober 1835

Der alte Monsieur Johann Buddenbrook und seine Frau Antoinette geben für ihre Verwandten und Bekannten ein Essen in ihrem neuen Haus in der Mengstraße. Zeitangaben werden vom Autor gleich von Beginn an gemacht. Der erste Teil spielt an einem Donnerstag im Oktober (1835) gegen vier Uhr. Johann Buddenbrook, **der Ältere,** wie er im Gegensatz zu seinem Sohn, dem Konsul Johann Buddenbrook, genannt wird, ist 70 Jahre alt. Sein Sohn ist ebenfalls mit seiner Frau anwesend. Er ist etwa 35 Jahre alt, wirkt ernst, gelegentlich träumerisch, etwas nervös, seine christliche Einstellung, in der er sich von seinem Vater unterscheidet, springt sofort ins Auge. Seine Frau Elisabeth ist eine geborene Kröger. Sie ist, **wie alle Krögers, eine äußerst elegante Erscheinung** (9). Tony, ihre Tochter, die gleich zu Beginn des Romans auftritt, ist 8 Jahre alt. Ihre beiden Brüder Thomas (Tom) und Christian, 10 bzw. 7 Jahre alt, kommen bald hinzu. Für Zeitbestimmungen im weiteren Verlauf des Romans ist es wichtig, von diesem Ausgangspunkt her die Jahrgänge der Hauptpersonen festzuhalten. Johann Buddenbrook, der Ältere, ist 1765 geboren, Konsul Johann Buddenbrook ca. 1800, Thomas 1826, Tony 1827 und Christian 1828. Das Lebensalter der Personen und der historische Hintergrund der Romanhandlung werden vom Autor an mehreren Stellen zueinander in Beziehung gebracht. Johann Buddenbrook, der Ältere, hat noch Napoleon gesehen. Daran anknüpfend wird die französische Einquartierung geschildert, später im Roman werden dann auch der Zollverein, die Revolution 1848 und die Burschenschaftsbewegung in die Handlung einbezogen.

Der erste Teil stellt das ausführliche Mittagessen breit dar. Dabei werden die Hauptpersonen eingeführt sowie eine Reihe von Nebenpersonen vorgestellt. Die einzige Trübung in dieser patrizisch-kulinarischen Idylle ergibt sich durch einen Brief Gotthold Buddenbrooks aus Hamburg. Gotthold stammt aus der ersten Ehe des älteren Johann Buddenbrook. Er meldet brieflich Erbansprüche an, die der ältere Buddenbrook und der Konsul abzulehnen beschließen. Dabei werden die Geschäftstüchtigkeit und die betont christliche Einstellung, die der Konsul zugleich zeigt, auf ironische Weise in Kontrast zueinander gesetzt.

Wichtig für den weiteren Verlauf des Romans ist die Darstellung der Kinder des Konsuls. Tonys Eitelkeit, Christians Fähigkeit zur Imitation und Thomas' Ernst und Verlässlichkeit, wie sie hier schon deutlich werden, bestimmen ihr weiteres Leben in entscheidendem Maße.

2. Teil: 27 Seiten, 7 Kapitel, Zeit: April 1838–1842
Der zweite Teil des Romans beginnt gleich im ersten Satz mit einer Zeitbestimmung: **Zweiundeinhalbes Jahr später, um die Mitte des April** [...] (50). Zwischen den einzelnen Teilen sind also Zeitsprünge möglich. Zeitsprünge, Wechsel des Schauplatzes und der Handlung kommen auch zwischen den Kapiteln der einzelnen Teile vor.

Der zweite Teil schildert die Geburt Claras. Sie ist das vierte Kind Konsul Buddenbrooks und seiner Frau Bethsy (Elisabeth). Der Konsul hat die Familienchronik der Buddenbrooks aufgeschlagen, in die seit alters her alle wichtigen Ereignisse der Familie eingetragen werden. Nach der Eintragung der Geburt Claras kommt es zu einer Rückblende. Der Konsul liest über die ältesten Buddenbrooks in Parchim, Grabau, Rostock bis hin zu Eintragungen seines Großvaters, der in Lübeck eine Getreidefirma gründete. Der Charakter und der Umfang der Geschäfte der Firma werden umrissen. Aus mecklenburgischen Handwerkern, Bürgern, auch Ratsmitgliedern werden Lübecker Patrizier, die im hansischen Raum zwischen Skandinavien und England bis nach Brabant und Mitteldeutschland Handel treiben.

Im weiteren Verlauf bringt der zweite Teil eine nähere Charakterisierung der drei älteren Kinder des Konsuls, besonders Tonys, die in die Art der **eleganten** Krögers schlägt. Die ältere Generation tritt ab. Im 4. Kapitel wird der Tod des alten Buddenbrook und seiner Frau dargestellt. Die zweite Generation, Konsul Buddenbrook und Frau, übernimmt die Geschäfte. Besonders durch den Konsul mischen sich in die Geschäftspraktiken jetzt pietistische Züge.

Für die drei älteren Kinder des Konsuls endet die Kinderzeit. Thomas tritt als Sechzehnjähriger in das Geschäft ein. Tony wird, nachdem sie entgegen allem Anstand und allen christlichen Vorstellungen des Vaters mit gleichaltrigen Jungen Kontakt aufzunehmen beginnt, in das Pensionat der Sesemi Weichbrodt gegeben. Sie ist zu dieser Zeit fünfzehn Jahre alt. Christian beginnt zum Entsetzen seiner Eltern schon als Vierzehnjähriger für eine Schauspielerin zu schwärmen, der er nach der Vorstellung Blumen in die Garderobe bringt.

Neben dem Datenmaterial der Zeitangaben erfährt der Leser auch Genaues über die Vermögensverhältnisse der Buddenbrooks. Während der verstorbene Vater noch über 900 000 Mark Kurant verfügte, hat sich inzwischen das Familienvermögen durch Hauskauf, Auszahlungen an Verwandte usw. auf 520 000 Mark verringert (77).

3. Teil: 52 Seiten, 15 Kapitel, Zeit: Juni 1845–Anfang 1846
Mit dem Beginn des dritten Teils wird wiederum ein Zeitraum von etwa drei Jahren übersprungen. Die erzählte Zeit dieses Kapitels beträgt ein halbes Jahr (im ersten Teil nur Nachmittag und Abend eines Tages, im zweiten Teil vier Jahre!).

Mit diesem dritten Teil tritt die nächstfolgende, also die dritte Generation der Buddenbrooks in den Vordergrund. Genauer genommen ist es Tony, deren Schicksal hier fast ausschließlich weiter verfolgt wird. Tony, jetzt 18 Jahre, soll den Hamburger Geschäftsfreund der Buddenbrooks, Bendix Grünlich, heiraten, einen **Mann von etwa zweiunddreißig Jahren** (93). Tony verspürt eine instinktive Abneigung gegen diesen Mann. Sie charakterisiert ihn – wie im Folgenden des Romans klar wird – durchaus richtig, wenn sie nach dem ersten Kennenlernen von ihm sagt: **Außerdem war er falsch. Er schwänzelte um meine Eltern herum und sprach ihnen in schamloser Weise nach dem Munde** […] (142). Die Eltern hingegen halten ihn für einen **christlichen, tüchtigen, tätigen und feingebildeten Mann** (99) und drängen auf eine Heirat. Nicht nur sie, sondern die ganze Stadt einschließlich des Pastors auf der Kanzel der Marienkirche dringen auf Tony ein, sodass sie, die ihr Innerstes nicht überwinden kann, seelisch und gesundheitlich in einen bedenklichen Zustand gerät. Die Eltern schicken sie zur Erholung nach Travemünde. Sie lernt dort Morten Schwarzkopf kennen, einen Medizinstudenten mit der freiheitlichen Gesinnung der Burschenschaften. Tony und Morten verstehen sich und lieben sich. Aber es kommt zu einem Eklat, weil Morten als Sohn eines Lotsenkommandeurs kein standesgemäßer Ehemann für Tony ist. Grünlich interveniert und Tonys und Mortens Väter bestehen darauf, dass die beiden jungen Leute sich trennen. Tony kehrt nach Lübeck zurück. Die Aussicht auf ein Leben auf großem Fuß in Hamburg, vor allem aber das Gefühl der Verpflichtung gegenüber der Familientradition und natürlich das Zureden der Eltern, bringen Tony schließlich dazu, in die Heirat mit Grünlich einzuwilligen. Tony trägt ihren Entschluss, sich zu verloben, selbst in die Familienchronik ein und Grünlich erhält 80 000 Mark Mitgift. Dies ist den Brautleuten das Wichtigste: Tony die Familientradition und Grünlich das Geld. Von gegenseitigem Verstehen oder gar von Liebe ist nicht die Rede. Mit der Einschätzung Grünlichs durch die Eltern und der Wichtigkeit, die Tony ihrer eigenen Position in der Familienchronik beimisst, tritt ein Motiv auf, das wesentlich für die weitere Entwicklung der Buddenbrooks wird: die Betonung des Äußerlichen und Materiellen. Das Vermögen und vor allem das äußere Ansehen müssen erhalten und vergrößert werden, man muss, wie es später öfter heißt, **die Dehors wahren** (312). Diese Anliegen wird sich Tony im weiteren Verlauf des Romans ganz besonders zu Eigen machen. Der dritte Teil endet damit, dass **zu Beginn des Jahres sechsundvierzig** [...] **Hochzeit gemacht** wird (161).

4. Teil: 53 Seiten, 11 Kapitel, Zeit: April 1846–Spätsommer 1855
Der vierte Teil schließt zeitlich an den dritten Teil fast unmittelbar an. Tony schreibt aus Hamburg, dass sie sehr abgeschieden lebt und dass sie ein Kind erwartet. Der Konsul schreibt seinem Sohn Thomas, der zur weiteren Ausbildung nach Amsterdam gefahren ist, und legt ihm dabei das Wort der Vorfahren ans Herz: **Mein Sohn, sey mit Lust bey den Geschäften am Tage, aber mache nur solche, daß wir bey Nacht ruhig schlafen können!** (174) Allerdings spürt der Konsul selbst, dass die Zeiten der Vorfahren zu Ende gegangen sind. **Diesen Grundsatz gedenke ich heiligzuhalten bis an mein Lebensende,** betont er im Brief noch ausdrücklich, muss dann jedoch anfügen: **obgleich man ja hie und da in Zweifel geraten kann angesichts von Leuten, die ohne solche Prinzipien scheinbar besser fahren. Ich denke an ›Strunck und Hagenström‹** [...] (174). Hiermit verlässt die Handlung die private und familiäre Sphäre. Die Buddenbrooks werden im weiteren Bereich des Geschäftslebens als eine Firma unter anderen gesehen und es zeigt sich, dass sie in der altväterlichen Manier ihrer Geschäftsführung gegenüber rücksichtsloseren, moderneren Firmen wie etwa den Hagenströms zunehmend schlechter abschneiden.

Der vierte Teil, der ein Teil des Umbruchs ist, weitet die Perspektive noch mehr aus. Die Politik spielt in Form der Revolution von 1848 in die Handlung hinein. Zwar wirkt sich diese Revolution in Lübeck relativ harmlos aus und wird entsprechend ironisiert. Aber auch dieses Ereignis signalisiert einen Wandel, und auch auf diesen reagieren die Buddenbrooks, wie viele Bürger Lübecks, ausschließlich, indem sie beim Alten verharren. Neue Einsichten und Impulse, wie Morten Schwarzkopf sie der Familie etwa hätte vermitteln können, werden von den Buddenbrooks nicht gezeigt bzw. gegeben.

So ist die Familie auch vollkommen überrascht, ja überrumpelt von den Ereignissen, die aus dem weniger beschaulichen, rüderen Hamburger Geschäftsleben auf sie zukommen. Grünlich war schon vor der Heirat mit Tony in Zahlungsschwierigkeiten gewesen. Er hatte Tony nur geheiratet um wieder solvent zu werden. Jetzt kommt die Nachricht nach Lübeck, dass

Grünlich bankrott ist. Der Konsul fährt nach Hamburg und leitet die Scheidung ein. Tony kehrt mit ihrer Tochter Erika zu den Eltern zurück.

Am Ende des vierten Teils wird der Tod des Konsuls geschildert. Damit muss Thomas, der Repräsentant der dritten Generation, die Geschäfte voll übernehmen. Nach zwei Teilen, in denen Tony im Vordergrund stand, bringen die folgenden Teile, außer dem letzten, im Wesentlichen die Schilderung von Thomas Buddenbrooks geschäftlicher und politischer Karriere.

5. Teil: 35 Seiten, 9 Kapitel, Zeit: Sommer 1855–März 1857
Der fünfte Teil schließt zeitlich und in der Handlung fast unmittelbar an den vierten Teil an. Nach dem Tod des Konsuls wird die Testamentseröffnung vorgenommen. Dabei kommt es wiederum zu einer Darstellung der Vermögenslage der Buddenbrooks. Im zweiten Teil hatte der Konsul beklagt, dass das Familienvermögen von 900 000 Mark Kurant auf 520 000 zurückgegangen sei. Jetzt ist festzustellen, dass **des Konsuls hinterlassenes Vermögen beträchtlicher war, als irgendein Mensch geglaubt hatte,** nämlich **abgesehen von jedem Grundbesitz, in runder Zahl 750 000 Mark Kurant** (255). Dies ist ein sehr gutes Startkapital, das Thomas Buddenbrook mit Stolz, aber auch mit Ehrgeiz erfüllt.

Überhaupt zeigt der fünfte Teil eine Konsolidierung innerhalb der Familie. Christian kommt aus Chile zurück und tritt mit in die Firma Buddenbrook ein, der Halbbruder Gotthold hat sich mit der Familie ausgesöhnt, für die junge Schwester Clara – ein ernstes und frommes Mädchen von jetzt 18 Jahren – findet sich im Rigaer Pastor Tiburtius ein ernsthafter Freier. Und schließlich kündigt auch Thomas, der wieder nach Holland zurückgekehrt ist, seine Verlobung an: Seine Braut ist Gerda Arnoldsen, Tochter eines Millionärs in Amsterdam, die mit Tony im Pensionat Sesemi Weichbrodts erzogen worden war. Der fünfte Teil schließt mit der Darstellung der beiden Hochzeiten (Claras und Thomas') und der Rückkehr Gerdas und Thomas' von ihrer Hochzeitsreise nach Florenz. Sie beziehen ein neu gekauftes, von Tony vornehm eingerichtetes Haus in der Breiten Straße.

Reichtum und Ansehen, auf die der Ehrgeiz der dritten Generation der Buddenbrooks, vor allem Thomas' und Tonys, so sehr ausgerichtet ist, sind in Fülle vorhanden. Das Fundament, auf dem die Position der Familie ruht, scheint intakt zu sein; allerdings lässt der Autor schon durchblicken, dass sich – um im Bild zu bleiben – Risse in diesem scheinbar soliden Mauerwerk abzeichnen. Mit Thomas' Ehrgeiz geht eine Liebe zum Außergewöhnlichen und Verfeinerten einher, die sich von der soliden Einfachheit des älteren Johann Buddenbrook stark unterscheidet und die auch von der schon differenzierteren Art seines Vaters, des frommen Konsuls, absticht. Deutlich wird dies etwa bei der Beschreibung der Hände Thomas' (253), mehr aber noch bei der Charakterisierung, die er von seiner Braut Gerda gibt: **Sie ist eine Künstlernatur, ein eigenartiges, rätselhaftes, entzückendes Geschöpf** (303). Hier tritt eine Wendung zum Extravaganten in Gefühl, Geschmack und äußerer Selbstdarstellung auf, die ungesund wirkt. – Daneben wird die übertrieben **schwärmerische Liebe zu Gott und dem Gekreuzigten** (259), wie der Konsul sie empfand, jetzt nach seinem Tode von seiner Witwe weiterpropagiert, woraufhin das Haus in der Mengstraße von geistlichen Parasiten bevölkert wird. – Ein drittes schlechtes Zeichen ist der aufkommende Streit zwischen Thomas und Christian, der nur noch mühsam nach außen verborgen werden kann.

6. Teil: 60 Seiten, 11 Kapitel, Zeit: April 1857– November 1859
Die Handlung schreitet jetzt ohne größere zeitliche Unterbrechungen fort. Der sechste – und damit der mittlere – Teil zeigt, dass sich die Entwicklung der Familie und der Firma Buddenbrook ganz auf Thomas konzentriert. – Christian entzweit sich mit seinem Bruder, tritt aus der Firma aus und zieht nach Hamburg um sich dort selbstständig zu machen. Grund für die Entzweiung ist vor allem eine abfällige Bemerkung, die Christian über den Kaufmannsstand gemacht hat: **Eigentlich und bei Lichte besehen sei doch jeder Geschäftsmann ein Gauner** (317). Damit hat Christian dem Ansehen und der Ehre der Familienfirma Schaden zugefügt – und ist dabei ausgerechnet von dem Emporkömmling Hagenström zurechtgewiesen worden, der aufgrund seiner rücksichtslosen Geschäftspraktiken den Buddenbrooks den Rang abzulaufen droht. Christian muss sich daraufhin von seinem erfolgreichen und selbstbewussten Bruder anhören: **Du bist ein Auswuchs, eine ungesunde Stelle am Körper unserer Familie!** (320). Christian verlässt die Firma – im gegenseitigen Einvernehmen mit Thomas.

Auch Tony, die so gern in der guten Gesellschaft eine erfolgreiche Rolle spielen möchte, scheitert gerade hier. Sie heiratet ein zweites Mal, und zwar Herrn Permaneder in München; lässt sich aber nach kurzer Zeit wieder scheiden, weil sie sich in der menschlich-lässigen Atmosphäre Münchens nicht akklimatisieren kann und weil Permaneder sich mit der Mitgift zur Ruhe setzt, statt nach gesellschaftlich und geschäftlich Höherem zu streben. Als zweimal geschiedene Frau ist Tony, die wieder in Lübeck lebt, in den ersten Kreisen der patrizischen Gesellschaft nicht mehr akzeptabel.

Thomas Buddenbrook hingegen, der weiterhin geschäftliche und gesellschaftliche Erfolge verbuchen kann, entwickelt jetzt auch politischen Ehrgeiz. Hier gibt sich Thomas sehr modern und aufgeschlossen. Überhaupt ist er in Lübeck **dank seinen Reisen, seinen Kenntnissen, seinen Interessen**

[…] **der am wenigsten bürgerlich beschränkte Kopf** (361). Allerdings ist diese Aufgeschlossenheit gegenüber der neuen Zeit nur dort festzustellen, wo sie den geschäftlichen Interessen von Nutzen sein kann. Im persönlichen Bereich bleibt Thomas der distinguierte Aristokrat.

7. Teil: 28 Seiten, 8 Kapitel, Zeit: Frühling 1861–Winter 1865
Der sehr kurze siebte Teil überspringt eine Frist von knapp anderthalb Jahren und zeigt, bevor er einsetzt, ein seltsam doppelgesichtiges Bild. Einerseits Freude, Ansehen, Triumph: Thomas und Gerda laden zur Taufe ihres Sohnes Hanno ein. Zum Paten hat man sogar den Bürgermeister gewonnen. Durch den Tod Senator Möllendorfs muss ein neuer Senator gewählt werden. Thomas Buddenbrook erhält die meisten Stimmen – gegen den Emporkömmling Hagenström. 1863 beziehen Thomas und Gerda ein neues, prächtig eingerichtetes Haus in der Fischergrube.

Aber andrerseits machen sich deutliche Anzeichen des Abstiegs, des Niedergangs, eben des **Verfalls** der Familie Buddenbrook bemerkbar.

Hanno sieht bei seiner Geburt nicht sehr wohl aus. Er hat die **bläulichen Schatten** seiner künstlerischen Mutter unter den Augen. Er bleibt in seiner Entwicklung zurück. Er bekommt beim Zahnen Krämpfe, die auf eine **Gehirnaffektion** deuten (288). Christian kommt krank aus London zurück. Clara erkrankt an Gehirntuberkulose und stirbt. Tiburtius stellt sich als Erbschleicher heraus. Darüber gerät Thomas mit seiner Mutter hinsichtlich der Finanzen in Streit.

Weiterhin bringt es nur Thomas in der Familie zu Erfolgen; aber je spektakulärer diese werden, desto klarer wird erkennbar, dass er den Belastungen seines Berufes und seiner Ämter nicht mehr lange gewachsen sein wird. Er ist rastlos und nervös. Die Geschäfte gehen noch **ausgezeichnet** (419), aber Thomas spürt, dass sich bei seiner nachlassenden Kraft alles zum Negativen zu entwickeln beginnt. Nach dem Einzug in das neue Haus äußert er sich hierüber zu Tony:

> **Glück und Erfolg sind in uns. Wir müssen sie halten: fest, tief. Sowie hier drinnen etwas nachzulassen beginnt, sich abzuspannen, müde zu werden, alsbald wird alles frei um uns her, widerstrebt, rebelliert, entzieht sich unserem Einfluß … Dann kommt eines zum anderen. Schlappe folgt auf Schlappe, und man ist fertig. Ich habe in den letzten Tagen oft an ein türkisches Sprichwort gedacht, das ich irgendwo las: ›Wenn das Haus fertig ist, so kommt der Tod.‹ Nun, es braucht noch nicht gerade der Tod zu sein. Aber der Rückgang … der Abstieg … der Anfang vom Ende … (430)**

Genau an diesem Punkt ist Thomas – und damit die ganze Familie Buddenbrook – angelangt. Trotz höchsten äußeren Ansehens geht es nicht weiter bergauf, ja, nicht einmal das Gewonnene ist noch zu halten. **Ich weiß,**

daß oft die äußeren, sichtbarlichen und greifbaren Zeichen und Symbole des Glückes und Aufstieges erst erscheinen, wenn in Wahrheit alles schon wieder abwärts geht (431). Hiermit ist der Roman an einem Wendepunkt angekommen.

Am Schluss des siebten Teils ist Thomas 40 Jahre alt, Gerda 36, Tony 38 und ihre Tochter Erika 19.

8. Teil: 79 Seiten, 9 Kapitel, Zeit: 1866–Ende 1869
Die Tendenz, dass Thomas' Kräfte sich erschöpfen und die Geschäfte der Firma zurückgehen, hält weiter an. In diesen Zusammenhang passt es gar nicht, das hundertjährige Jubiläum der Firma Buddenbrook feiern zu müssen. Thomas sieht das Missverhältnis zwischen äußerlichem Schein und den tatsächlichen Verhältnissen genau. Aber Tony behält Recht in ihrer Meinung, dass es bei der Position der Buddenbrooks unmöglich sei, diesen Termin einfach zu übergehen. Und so wird das Jubiläum mit allergrößtem Aufwand begangen.

Neben dem Rückgang der Geschäfte (Pöppenrader Ernte!) sind die Heirat Erika Grünlichs mit Weinschenk sowie Hannos Entwicklung weitere Symptome des Niedergangs der Familie.

Erika Grünlichs Ehe mit Weinschenk wird von Tony organisiert. Tatsächlich beginnt noch einmal dasselbe Gedankenspiel wie vor Tonys Ehe mit Permaneder. **Frau Antoniens** [= Tonys] **heißester Wunsch** ist es, **daß ihre Tochter die Hoffnungen erfüllen möge, die ihr, der Mutter, fehlgeschlagen, und eine Heirat machen, welche, vorteilhaft und glücklich, der Familie zur Ehre gereichen und die Schicksale der Mutter vergessen lassen würde** (439). Auch diese Ehe geht nicht glücklich aus, wenngleich der Grund hierfür diesmal beim Ehemann selbst und einem unglückseligen Zufall liegt, durch den sein ›Vergehen‹ aufgedeckt wird. Gewisse Parallelen zu Grünlich lassen sich dennoch nicht übersehen.

Hanno wächst zu einem Kind heran, das nachts aus Träumen aufschreckt und fantasiert, dem alles sehr nahe geht, das eher weich und verträumt ist als frisch und geradeheraus, wie es sein Vater sich wünscht. Besonders stört Thomas die leidenschaftliche Hingabe seines Kindes an die Musik. Diese Musik entfremdet ihm nicht nur seinen Sohn, sondern auch seine Frau.

Es ist für den Senator ein bitteres Gefühl, neben dem zunehmenden Schwund der Kräfte auch eine zunehmende Einsamkeit erfahren zu müssen.

9. Teil: 37 Seiten, 4 Kapitel, Zeit: 1871–Anfang 1872
Der sehr kurze neunte Teil stellt den qualvollen Tod der Konsulin dar. Thomas und Christian geraten in Streit um das Erbe. Thomas löst den Haushalt der Mutter auf und verkauft das elterliche Haus in der Mengstraße.

Käufer ist der Konkurrent und Emporkömmling Hagenström, der bei dieser Gelegenheit charakterisiert wird (602, aber auch schon 409).

10. Teil: 56 Seiten, 9 Kapitel, Zeit: 1872–Juni 1875
Die Geschäfte der Buddenbrooks gehen weiterhin schlecht. An dem allgemeinen geschäftlichen Aufschwung der Gründerjahre nach dem deutsch-französischen Krieg hat die Firma keinen Anteil. Auch im Bereich der Lokalpolitik ist für Thomas nicht mehr zu erreichen, er kann aufgrund seiner Realschulbildung nicht Bürgermeister werden. An der Börse wirkt er **eigentlich nur noch dekorativ** (611); das Familienvermögen ist auf 600 000 Mark Kurant zurückgegangen.

Auch seine Beziehung zu Gerda verschlechtert sich weiter. Die Musik schiebt sich mehr und mehr als eine trennende Macht zwischen sie. Gerda musiziert mit dem Leutnant von Throta; und dieses Verhältnis überschreitet, nach der Meinung des Stadtklatsches, durchaus **die Grenzen des Sittsamen** (644), Thomas erfüllt es mit **Gram, Haß** und **Ohnmacht** (645).

Als Achtundvierzigjähriger, im Jahre 1873, beginnt Thomas **mit seinem nahen Tode zu rechnen** (650). In diese Stimmung fällt seine Begegnung mit der Philosophie Schopenhauers. Er hat weder **die weltmännische Skepsis seines Großvaters** (652) noch das **schwärmerische Bibelchristentum** seines Vaters als innere Ausrichtung auf den Gedanken an den Tod. Tatsächlich hatte er immer gedacht, dass sein Werk **in seinen Nachfahren leben werde** (652). Aber er muss erkennen, dass er sich – bei der mangelnden **Lebenstüchtigkeit** (629) seines Sohnes Hanno – in dieser Hinsicht auf einem gedanklichen Irrweg befunden hat. Die Lektüre des Kapitels »Über den Tod und sein Verhältnis zur Unzerstörbarkeit unseres Wesens an sich« (aus Schopenhauers Werk *Die Welt als Wille und Vorstellung*) eröffnet ihm neue Horizonte.

Im Januar 1875 stirbt Thomas mitten auf der Straße nach einem Zahnarztbesuch. Tony hat ihren letzten Triumph in dem **unsäglich vornehmen** (690) Begräbnis ihres Bruders.

11. Teil: 44 Seiten, 4 Kapitel, Zeit: Herbst 1876–Herbst 1877
Die Firma Buddenbrook wird unter großen Verlusten liquidiert. Christian heiratet in Hamburg, kommt aber bald auf Betreiben seiner Frau in eine feste Anstalt. In einem letzten großen Kapitel beschreibt Thomas Mann einen Schultag im Leben Hannos.

Am Vorabend hat Hanno im Stadttheater den *Lohengrin* gehört. Die Musik Wagners wirkt auf ihn wie ein Rauschmittel, ihr **Genuß** verschafft ihm höchste Wonne. Nach der Euphorie des Abends kommt dann der Katzenjammer des folgenden Tages in der Realschule. Hanno erlebt eine Welt

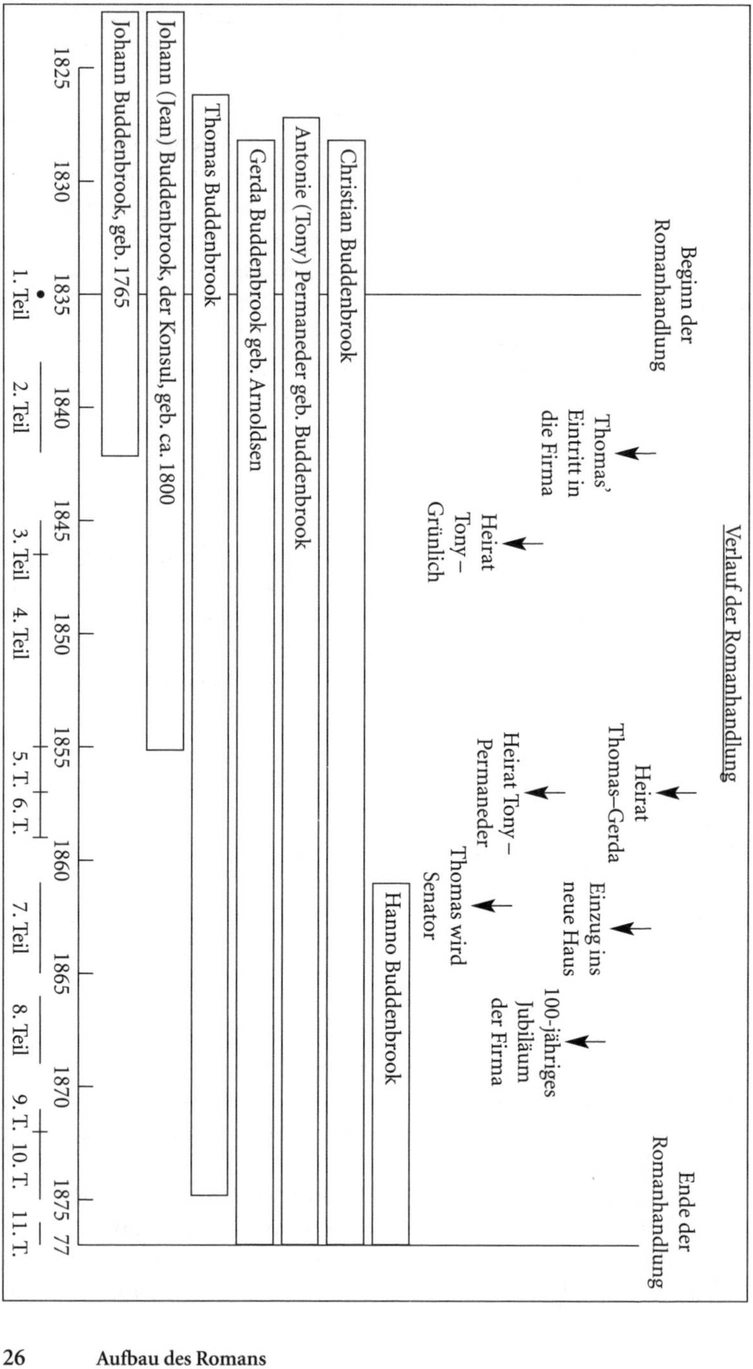
Verlauf der Romanhandlung
Beginn der Romanhandlung
Thomas' Eintritt in die Firma
Heirat Tony – Grünlich
Heirat Thomas–Gerda
Heirat Tony – Permaneder
Einzug ins neue Haus
Thomas wird Senator
100-jähriges Jubiläum der Firma
Ende der Romanhandlung
Hanno Buddenbrook
Christian Buddenbrook
Antonie (Tony) Permaneder geb. Buddenbrook
Gerda Buddenbrook geb. Arnoldsen
Thomas Buddenbrook
Johann (Jean) Buddenbrook, der Konsul, geb. ca. 1800
Johann Buddenbrook, geb. 1765
1825
1830
1835
1840
1845
1850
1855
1860
1865
1870
1875
77
1. Teil
2. Teil
3. Teil
4. Teil
5. T.
6. T.
7. Teil
8. Teil
9. T.
10. T.
11. T.

der Anmaßung, Ungerechtigkeit und Anpassung. In den Personen der Lehrer werden Charaktere gezeigt, die zugleich skurril und – für ein sensibles Kind wie Hanno – erschreckend sind. Diese Gegenüberstellung der Überempfindlichkeit Hannos und der Härte des ihn umgebenden Lebens bereitet Hannos Ende vor.

Im vorletzten Kapitel des Buches wird beschrieben, wie Hanno an Typhus stirbt. THOMAS MANN führt Hannos Tod vor allem auf **die Furcht und Abneigung** zurück, die Hanno gegenüber der **Stimme des Lebens** zeigt (754). Es fehlte ihm nicht nur die Tüchtigkeit, sondern selbst der Wille zum Leben. (Dies war schon bei Thomas vorgeprägt, der die **Härte** (470) des Lebens als verletzend empfunden hatte.)

Das letzte Kapitel zeigt Tony, Gerda und einige weitere entfernte Mitglieder der Familie bei Sesemi Weichbrodt. Gerda will nach Amsterdam zurückkehren. Tony ist nicht allein, sie hat ihre Tochter Erika und deren Tochter – und die Familienpapiere, zu deren Lesung sie die in Lübeck übrig gebliebenen Familienmitglieder einmal pro Woche einladen will. Mit dieser kleinen, deprimierten Runde endet die Handlung des Romans. Sesemis tapferer Jenseitsglaube, der den Schluss von *BUDDENBROOKS* bildet, wirkt wenig überzeugend und kann die Melancholie, die über dem Ausgang der Familiengeschichte liegt, nicht aufhellen.

Die Romanhandlung zeigt ein Abnehmen der Geschäftstüchtigkeit und Vitalität der Buddenbrooks und gleichzeitig eine gegenläufige Entwicklung zu ständig wachsender Sensibilität und stärker ausgeprägtem Künstlertum. Die folgenden Kapitel der Interpretation werden diese Gegenläufigkeit immer wieder ansprechen und behandeln. Diese doppelte Entwicklung ist das wesentliche Kennzeichen des Romans.

4 Charaktere

In diesem Abschnitt werden die wesentlichen Gestalten des Romans, vor allem der dritten Generation (also Thomas, Tony, Christian, Gerda), aber auch Hanno und außerdem einige Nebenfiguren charakterisiert. Die einzelnen Charaktere sind nach ihrem Auftreten und Lebensalter, also nicht etwa nach ihrer Wichtigkeit oder Funktion angeordnet.

4.1 Johann Buddenbrook (der Ältere) (1765–1842)

Monsieur Johann Buddenbrook ist Repräsentant der ältesten im Roman auftretenden Generation der Buddenbrooks. Er hat die Getreidefirma in Lübeck übernommen, die von seinem Vater, der aus dem Mecklenburgischen kam, gegründet worden war. Er war, noch bevor die Romanhandlung einsetzt, in erster Ehe mit Josephine, der Tochter eines Bremer Kaufmannes, verheiratet gewesen, die bei der Geburt des Sohnes Gotthold starb. Wie auch aus den Familienpapieren hervorgeht, hatte Johann Buddenbrook seine Frau sehr geliebt. Gegenüber Gotthold, dem eigentlichen Grund für den Tod der geliebten Frau, empfindet er aus diesem Grunde Hass. (Eine Parallele hierzu ist Jakobs Hass auf Benjamin im Roman *Joseph und seine Brüder*.)

Die Ehe mit seiner zweiten Frau, Antoinette geb. Duchamps, beruht auf einer Vernunftheirat. Antoinette stammt aus einer französisch-schweizerischen Familie, wurde jedoch in Hamburg geboren. Aus dieser Ehe geht der Repräsentant der zweiten Generation der Buddenbrooks, Johann (Jean) Buddenbrook, der Konsul, hervor.

Im Verlauf des Romans wird Monsieur Johann Buddenbrook als Geschäftsmann mit festen und nüchternen Grundsätzen beschrieben. Er benutzt oft französische Redewendungen, ist überhaupt frankophil – bis zur Vorliebe für den Stil des französischen Gartens – und schätzt die Prinzipien der Aufklärung. Entsprechend ist sein Weltbild optimistisch-vernünftig. Alles Übertriebene, besonders im Bereich des Weltanschaulichen und Emotionalen, ist ihm suspekt oder lächerlich. In seiner politischen Einstellung zeigt er zwar Sympathien für fortschrittliches, demokratisches Denken, bleibt aber doch im Inneren der konservative Patrizier. Der Persönlichkeit Napoleons bringt er großen Respekt entgegen. Fremden gegenüber verhält er sich ablehnend und zieht im gesellschaftlichen Bereich strenge Grenzen, was die Auswahl seines Umgangs betrifft. Sein Verhältnis zur Religion ist distanziert, wie das Eingangskapitel des Romans zeigt; Kunst als

Freizeitbeschäftigung schätzt er. Er spielt gern und gut Flöte, ein Instrument, das der Epoche der Aufklärung offenbar als kongenial anzusehen ist.

4.2 Johann (Jean) Buddenbrook, der Konsul (ca. 1800–1855)

Gleich bei seinem ersten Auftreten werden die **nervösen** Bewegungen des Konsuls erwähnt. Im Folgenden wird er in Abgrenzung zu seinem Vater mit den Komparativen **träumerischer, ernster, schärfer** charakterisiert (9). Tatsächlich gibt diese erste allgemeine Kennzeichnung schon ein ziemlich genaues Bild. Der Konsul teilt nicht den heiteren, skeptischen, gegenwartsbezogenen Realismus seines Vaters; kennzeichnend für ihn ist vielmehr eine tief empfundene, etwas übertrieben geäußerte **Religiosität.** Er bezeichnet sich selbst als **christlichen Mann, als Menschen von religiösem Empfinden** [...] (27) und wird auch von seinem Vater – wenngleich im Scherz – hierauf angesprochen: **Zugegeben, daß du mit dem Herrgott auf du und du stehst** [...] (43).

Die Frömmigkeit, die der Konsul zeigt, ist geprägt vom Puritanismus bzw. Pietismus. Dies zeigt sich etwa in der rigorosen Forderung nach der Unterordnung des Individuums unter allgemeine Pflichten (so gegenüber Tony vertreten), der Abneigung gegen das Theater (gegenüber Christian), der starken Beschränkung auf das Familienleben, der Betonung der Sparsamkeit und der Arbeit, aber auch in der Hochschätzung der äußeren Form, der zur Schau getragenen Wohlanständigkeit. In Verbindung mit dem individuellen Charakter des Konsuls kommt es hierbei zu Eigenheiten, die zur Kritik herausfordern: Geraten das Christentum und der Geschäftssinn aneinander, siegt der Geschäftssinn (so im Antwortbrief an Gotthold, am Ende des ersten Teils). Während dies noch harmlos wirkt und den Konsul sehr in die Nähe seines nüchtern denkenden Vaters rückt, ist ein zweites Charakteristikum, nämlich die besondere Wichtignahme der äußeren Form, schon verhängnisvoller. Dies zeigt sich besonders bei der Verheiratung Tonys. Grünlich, den Tony sofort durchschaut, beurteilen der Konsul und seine Frau schon nach dem ersten Kennenlernen vor allem als **christlich** (denn er ist **ein Pastorssohn**), aber auch als **wohlerzogen, weltläufig, tüchtig, achtbar, angenehm, feingebildet** usw. Dass einem Geschäftsmann wie dem Konsul eine solche Fehleinschätzung unterlaufen kann, wo er von Berufs wegen häufigen Umgang mit Fremden hat, lässt sich lediglich aus seiner Überbetonung des Äußeren, der Manieren und **Dehors** erklären.

Dass die Eltern für die Eheschließung ihrer Tochter weniger den persönlichen als vielmehr den gesellschaftlichen Aspekt in den Vordergrund stellen, ist allerdings auch in der Tradition ihrer großbürgerlichen Denkweise begründet. Nach diesen Gesichtspunkten hatte auch schon der Konsul geheiratet:

Sein Vater hatte ihm auf die Schulter geklopft und ihn auf die Tochter des reichen Kröger, die der Firma eine stattliche Mitgift zuführte, aufmerksam gemacht, er war von Herzen einverstanden gewesen und hatte fortan seine Gattin verehrt als die ihm von Gott vertraute Gefährtin ... (54)

Diese **seine Gattin** ist Madame Elisabeth Buddenbrook geb. Kröger, die häufig Bethsy genannt wird. Die Krögers sind stadtbekannt für ihre großzügige, geradezu feudale Lebensart. Durch sie, d. h. durch die Konsulin, kommt ein Hauch von Luxus und Üppigkeit in die bürgerlich-nüchterne Atmosphäre der Buddenbrooks.

Die nervöse Reizbarkeit und die – durch die Religiosität noch verstärkten – Eigenheiten des Konsuls nehmen mit seinem Alter zu. Schon sein Vater hatte sich spöttisch über seine **idées** ausgelassen.

Durch den **immer religiöseren Geist** (241) kommt es kurz vor dem Tode des Konsuls über die gewohnten Tischgebete hinaus zu täglichen Bibellesungen. **Außerdem mehrten die Besuche von Pastoren und Missionaren sich** [...], **gottgefälliger Gespräche, einiger nahrhafter Mahlzeiten und klingender Unterstützung zu heiligen Zwecken gewiß** (241). Die Kinder des Konsuls, vor allem Tony, sind hiermit nicht einverstanden. Die Konsulin unterstützt die frommen Neigungen ihres Mannes umso mehr, je älter sie wird, und setzt seine Gewohnheiten nach seinem Tode fort.

4.3 Thomas Buddenbrook (später Konsul, dann Senator) (1826–1875)

Thomas Buddenbrook, der Repräsentant der dritten Generation der Buddenbrooks, tritt wie seine Geschwister Christian und Tony schon sehr frühzeitig im Roman auf, nämlich am Ende des 1. Kapitels. Thomas, der in der Familie Tom genannt wird, wird mit Christian verglichen, beide sind im Wesen sehr verschieden. So sagt der Dichter Hoffstede über die Jungen: **Thomas, das ist ein solider und ernster Kopf; er muß Kaufmann werden, darüber besteht kein Zweifel. Christian dagegen scheint mir ein Tausendsassa zu sein [...]** (14 f.) Dieses Urteil Hoffstedes wird vom Autor zu Beginn des 3. Kapitels ausdrücklich bestätigt. Weiterhin wird hier Thomas als **ein kluger, regsamer und verständiger Mensch** (65) bezeichnet. Und wenig später: **Augenscheinlich waren auf Thomas Buddenbrook größere Hoffnungen zu setzen als auf seinen Bruder. Sein Benehmen war gleichmäßig und von verständiger Munterkeit; Christian dagegen erschien launenhaft [...]** (67)

Dies alles ergibt ein außerordentlich positives Bild. In Thomas sieht man den künftigen erfolgreichen Prinzipal der angesehenen Firma schon vorgezeichnet. Es tauchen aber bereits frühzeitig auch Züge auf, die einen Schatten auf dieses Bild des intelligenten und munteren jungen Menschen werfen. Zunächst wirken diese dunkleren Züge harmlos und fast unauffällig; sie gewinnen jedoch im Verlauf der Romanhandlung immer mehr an Gewicht. So werden zum Beispiel gleich anfangs Thomas' schlechte Zähne erwähnt: **Seine Zähne waren nicht besonders schön, sondern klein und gelblich** (16). Diese Zähne werden einmal der Anlass zu seinem plötzlichen Tod sein. In einem Brief des Konsuls an Thomas nach Amsterdam heißt es: **Bei alledem schmerzt es mich, daß Deine Gesundheit sich nicht völlig auf der Höhe befindet. Was Du mir von Nervosität geschrieben, gemahnte mich an meine eigene Jugend** [...] (172). Diese nervöse Reizbarkeit führt bei Thomas später schon in jungen Jahren zu einer Erschöpfung, die wohl die eigentliche Ursache seines relativ frühen Todes ist.

Eine besonders aufschlussreiche Charakterisierung des Dreißigjährigen findet sich im Anfang des fünften Teils, als Thomas bei der Übernahme des Geschäfts beschrieben wird (253). Hier ist einerseits von seinem **Würdegefühl** die Rede, andrerseits fällt bei der Beschreibung seines Aussehens die Häufung der Begriffe **bleich, weiß, frostige Blässe, bläuliche Färbung** auf, die alle nicht gerade als Kennzeichen einer robusten Konstitution anzusehen sind. Entsprechend wird von seinen Händen gesagt, sie drückten eine **abweisende Empfindsamkeit und eine beinahe ängstliche Zurückhaltung** aus. Dennoch liebt es Thomas, **im täglichen Kampf um den Erfolg seine Person einzusetzen** (268). Er bringt hier seine gewinnenden Eigenschaften ins Spiel: sicheres und gewandtes Auftreten, Liebenswürdigkeit, Takt. Durch Thomas kommt ein genialer, **ein frischerer und unternehmenderer Geist** (266) in das Geschäft.

Im Ganzen gesehen erweist sich Thomas auf dieser Altersstufe als eine in sich gespaltene Persönlichkeit: einerseits intelligent, überzeugend, einsatzbereit, ehrgeizig; andererseits nervös, schwach, verletzlich, verhalten. Zugunsten des Geschäftes und des Ansehens der Familie versucht er mit allen Kräften der ersten dieser beiden Seiten zum Übergewicht zu verhelfen. Kennzeichnend für seine Persönlichkeit ist aber sein Bemühen die beiden so unterschiedlichen Seiten in sich zur Vereinigung zu bringen. Durch seine Schwäche und nervöse Konstitution entwickelt er eine Sensibilität, die ihn aufnahmebereit macht für ungewöhnliche und extravagante Reize. So liebt er modernere Schriftsteller **satirischen und polemischen Charakters** (235), was ganz ungewöhnlich für einen damaligen Lübecker Kaufmann und Bürger ist (Ausnahme: Makler Gosch). So wird er fasziniert durch die **fremdartige** [...] **und rätselhafte** (292), **ein wenig morbide** [...] **Schönheit** (343) Gerda Arnoldsens, die nur im virtuosen Geigenspiel Gefühl zeigt, sonst aber kalt wie eine Marmorstatue ist. So bringt ihn – mitten in protestantischer Umgebung und trotz der pietistischen Eltern – seine Neigung zu Repräsentanz und Würde in die Nähe des Katholizismus (560,

653). Aber alle diese Neigungen versteht Thomas mit dem, was Geschäft und Gesellschaft von ihm verlangen, in Übereinkunft zu bringen. Besonders typisch hierfür ist die Stelle aus seinem Brief an die Mutter, in dem er, anlässlich seiner Verlobung mit Gerda, über die Mitgift seiner Braut schreibt:

> **Ich verehre Gerda Arnoldsen mit Enthusiasmus, aber ich bin durchaus nicht gesonnen, tief genug in mich selbst hinabzusteigen, um zu ergründen, ob und inwiefern die hohe Mitgift, die man mir gleich bei der ersten Vorstellung in ziemlich zynischer Weise ins Ohr flüsterte, zu diesem Enthusiasmus beigetragen hat. Ich liebe sie, aber es macht mein Glück und meinen Stolz desto größer, daß ich, indem sie mein eigen wird, gleichzeitig unserer Firma einen bedeutenden Kapitalzufluß erobere. (289 f.)**

Diese Fähigkeit zum Zusammendenken des eigentlich Unvereinbaren hat Thomas offenbar von seinem Vater geerbt (vgl. dessen Antwort auf Gotthholds Brief, 48), er hat sie aber zur Virtuosität ausgebaut. Das erkennt auch sein Bruder Christian (320), dem diese Fähigkeit gänzlich fehlt und der von Thomas verächtlich abgetan wird. Die Brüder streiten sich wegen dieser Unterschiedlichkeit ihrer Charaktere häufig, sie zerstreiten sich schließlich, wobei der Impuls hierzu eindeutig von Thomas ausgeht.

Dieser anhaltende Balanceakt, den Thomas, der **Politiker** (wie Tony ihn gern nennt), vollführt, kostet ihn sehr viel Kraft. Es wird gezeigt, wie er in Ansätzen schon mit siebenunddreißig, deutlicher aber noch mit zweiundvierzig Jahren ein ermatteter, vollkommen erschöpfter Mann ist (418 ff. und 465 ff.). Diese Erschöpfung bringt ihn zu grübelnder Selbstanalyse, bei der ihm die eigene Zwiespältigkeit bewusst wird. Im achten Teil, 4. Kap., wird dieser Prozess in erlebter Rede wiedergegeben: **War er ein praktischer Mensch oder ein zärtlicher Träumer?** Thomas beantwortet sich diese Frage, die an Hamlet erinnert (**Bin ich 'ne Memme?**), auf ehrliche Weise: **Ach, diese Frage hatte er sich schon tausendmal gestellt, und er hatte sie, in starken und zuversichtlichen Stunden, bald so und – in müden – bald so beantwortet. Aber er war zu scharfsichtig und ehrlich, als daß er nicht schließlich die Wahrheit hätte gestehen müssen, daß er ein Gemisch von beidem sei** (470). Im Vergleich zu seinem Vater oder gar seinem Großvater muss er sich eingestehen, dass er, Thomas, nicht so fest mit beiden Beinen in **diesem harten und praktischen Leben** (469) steht. [...] **Daß sie praktische Menschen gewesen, daß sie es voller, ganzer, stärker, unbefangener, natürlicher gewesen waren als er, das war es, was feststand!** [...] (471).

Als Achtundvierzigjähriger ist Thomas Buddenbrook am Ende seiner Kräfte. Er fühlt sich **unaussprechlich müde und verdrossen**, durch **innere Mattigkeit gelähmt, gehetzt von fünfhundert nichtswürdigen Bagatellen**

(611), in seiner Karriere gibt es – teils aus fehlender Kraft, teils wegen fehlender Gelegenheiten – kein Weiterkommen mehr; was dennoch an öffentlicher Arbeit zu tun ist, leistet Thomas wie ein Schauspieler, der schlecht und recht seine Rolle spielt. Damit ist er der Vorliebe für das Theater, die er so oft an seinem verachteten Bruder Christian missbilligt hat, in fataler Weise nahe gekommen. (**Thomas Buddenbrooks Dasein war kein anderes mehr als das eines Schauspielers, jede geringste Aktion unter Menschen** ist ihm **zu einer anstrengenden und aufreibenden Schauspielerei geworden**, 615.)

Gegen den eigenen Verfall kämpft Thomas zunächst mit seltsamen Mitteln an. Seine Eitelkeit, immer frisch und korrekt gekleidet zu sein, wird zu der Marotte sich mehrmals täglich umzuziehen, immer wieder die Wäsche zu wechseln, immer mehr Eau de Cologne, Brillantine, Mundwasser zu gebrauchen (614). Aber mit achtundvierzig wirkt er dennoch als **stark alternder, schon ein bißchen beleibter Mann** (643), der durch Gerdas Affäre mit Throta nun auch noch lächerlich zu werden beginnt. Aus der Mattigkeit erwachsen Angst und schwindende Selbstachtung, letztlich Lebensüberdruss und eine grüblerische Hinwendung zum Tod und zum Jenseitigen. Es ist nur zu plausibel, dass Thomas in dieser Stimmung nach einer Philosophie greift, die ihn in dieser Situation bestätigt – in diesem Fall diejenige Schopenhauers –, die den Tod gegen den **unsäglich peinlichen Irrgang** (657) des Lebens ausspielt und – über Schopenhauer hinausgehend – sogar noch eine säkularisierte Auferstehung verspricht. (**Ich werde leben!** [...] (659). Weiteres hierüber im folgenden Abschnitt »Philosophie«.) In dieser Er-Lösung nach all den Anspannungen seines Lebens weint Thomas zum ersten Mal, er lässt dieses Erlebnis wie einen Rausch über sich ergehen.

Das Erlebnis der schopenhauerschen Philosophie hält nicht an. Thomas liest nie wieder in dem Buch des Philosophen. Was jedoch bleibt, ist die Auffassung vom Leben als einem Irrtum, als Bedrückung und **Wirrnis** (672). Er spricht zu Tony darüber, als sie ihn in Travemünde besucht. Angesichts der Ostsee philosophiert Thomas über den Unterschied der Menschen, die das Gebirge, und derjenigen, die die See bevorzugen:

> **Sichere, trotzige, glückliche Augen, die voll sind von Unternehmungslust, Festigkeit und Lebensmut, schweifen von Gipfel zu Gipfel; aber auf der Weite des Meeres, das mit diesem mystischen und lähmenden Fatalismus seine Wogen heranwälzt, träumt ein verschleierter, hoffnungsloser und wissender Blick, der irgendwo einstmals tief in traurige Wirrnisse sah** [...] (672)

Thomas, der erfolgreiche Geschäftsmann und Politiker, hat nach allen **Wirrnissen** des Lebens diesen **wissenden Blick** gewonnen und ist eins geworden mit dem **lähmenden Fatalismus** der See, die er vor sich sieht. Kurze Zeit darauf bricht er in Lübeck im Schmutz der Straße zusammen und stirbt bald danach.

4.4 Antonie (Tony) Permaneder-Buddenbrook (geb. 1827)

Tony tritt gleich im 1. Kapitel, ja mit der ersten Zeile des Romans vor den Leser und bleibt – mit Unterbrechungen – gegenwärtig bis ins Schlusskapitel. Dennoch ist sie keine Hauptperson wie Thomas. Lämmert hat sie jedoch als **eine der perfektesten Chargenfiguren, die ein deutscher Romanautor ersonnen hat,** bezeichnet.[24]

Als Kind wirkt Tony niedlich, keck, graziös, intelligent und ausgelassen. Sie kann sehr liebenswürdig sein, neckt aber auch Leute und nutzt es aus, wenn diese sich – etwa aufgrund ihrer niedrigen sozialen Stellung – gegen sie nicht wehren können. Sie ist **wie eine kleine Königin [...], die sich das gute Recht vorbehält, freundlich oder grausam zu sein, je nach Geschmack und Laune** (64). Die **feudalen Neigungen der mütterlichen Familie,** d. h. der Krögers, regen sich schon sehr früh in ihr: Sie hat einen Hang zum Luxus, zur Muße, zum Repräsentieren, zum **Vornehmen** (86).

Sie sieht recht gut aus. Dies wird vom Autor verschiedentlich detailliert beschrieben (60, 282, 309). Aus diesem Grunde und aufgrund ihrer lebhaften Art wirkt sie auf Männer ungemein anziehend. Schon als Fünfzehnjährige nimmt Tony Kontakt zum anderen Geschlecht in Person eines Gymnasiasten auf, was gegen alle bürgerliche Sitte ist und weswegen sie ins Pensionat zu Sesemi Weichbrodt gegeben wird. Selbst noch als reifere Frau verwirrt sie die Männer, so einen in der Mengstraße weilenden Pastor, obwohl dieser Ehemann und Familienvater ist, und in München einen **Kirchenmann,** den Tony selbst mindestens für den Erzbischof hält (282, 307).

Tony wirkt einerseits kindlich, harmlos, spielerisch, sie bemüht sich aber nach Kräften als sehr vornehm und selbstbewusst zu erscheinen. Im Grunde genommen bleibt sie während des ganzen Romans ein Kind, das gern Rollen spielt, die ihr Wichtigkeit und Würde verleihen und durch die sie Aufsehen erregt. Das Ewig-Kindliche in ihr wird vom Autor verschiedentlich erwähnt. Besonders deutlich kommt dies zum Ausdruck, als Thomas einen Brief von Tony aus München liest: **Ach, Mutter,** schreibt Tony, **was kommt auch alles auf mich herab! Erst Grünlich und der Bankrott und dann Permaneder als Privatier und dann das tote Kind. Womit habe ich soviel Unglück verdient!** (369). Die Reaktion des Bruders besteht nicht nur in Mitgefühl. Er kennt seine Schwester zu gut.

> **Der Konsul** [= Thomas], **zu Hause, wenn er solche Äußerungen las, konnte sich eines Lächelns nicht erwehren, denn trotz allen Schmerzes, der in den Zeilen steckte, verspürte er einen Unterton von beinahe drolligem Stolz, und er wußte, daß Tony Buddenbrook als Madame Grünlich sowohl wie als Madame Permaneder immer ein Kind blieb, daß sie alle ihre sehr erwachse-**

nen Erlebnisse fast ungläubig, dann aber mit kindlichem Ernst, kindlicher Wichtigkeit und – vor allem – kindlicher Widerstandsfähigkeit erlebte. (369)

Dies ist kennzeichnend für Tonys recht bewegtes Leben. Sie hat viele Schicksalsschläge ertragen. Aber sie beginnt sich nach jedem dieser Erlebnisse sehr schnell aus der Perspektive eines Außenstehenden zu sehen, und die Bewunderung der eigenen Wichtigkeit als Leidende und Heimgesuchte überwiegt sehr bald ihren Schmerz. So geht es ihr nach dem Tod des Vaters (250), der Mutter (589), des Bruders Thomas (685), aber auch bei ihrer eigenen Scheidung (393). Oft hilft ihr bei solchen Schicksalsschlägen auch der plötzliche Ausbruch ihres **Kinderweinens** (215, 446, 609). Ein weiteres typisches Merkmal Tonys ist ihr **ausgeprägter Familiensinn** (203). Dieser **Familiensinn** ist eine recht komplexe Vorstellung. Er bedeutet für Tony zum einen so viel wie charakterliches Erbgut.

Ihr ausgeprägter Familiensinn entfremdete sie nahezu den Begriffen des freien Willens und der Selbstbestimmung und machte, daß sie mit einem beinahe fatalistischen Gleichmut ihre Eigenschaften feststellte und anerkannte [...] ohne Unterschied und ohne den Versuch, sie zu korrigieren. Sie war, ohne es selbst zu wissen, der Meinung, daß jede Eigenschaft, gleichviel welcher Art, ein Erbstück, eine Familientradition bedeute und folglich etwas Ehrwürdiges sei, wovor man in jedem Fall Respekt haben müsse. (203)

Familiensinn heißt aber auch sich zu der hoch gestellten Patrizierfamilie der Buddenbrooks zugehörig zu fühlen und hieraus Vorrechte und Erwartungen abzuleiten – und zugleich dieser Familie gegenüber bestimmte Verpflichtungen zu übernehmen, vor allem, was den Erhalt von Ansehen und gesellschaftlichem Status betrifft. Dies wird schon darin deutlich, dass sie als Kind **wie eine Königin** auftritt. Es zeigt sich aber auch, als sie – nach anfänglichem Sträuben – dennoch zur Ehe mit Grünlich bereit ist (**Sie war sich ihrer Verpflichtung gegen die Familie und die Firma wohl bewußt, und sie war stolz auf diese Verpflichtungen,** 105), und wiederum, als sie nach dem Scheitern dieser Ehe eine neue Heirat mit Permaneder eingeht.

Tony schätzt sich und ihre Familie sehr hoch ein. Sie nimmt es gern und bereitwillig auf, wenn Morten Schwarzkopf sie als eine **Adlige** bezeichnet (138). Sie ist verstört und kann es sich nicht vorstellen, dass Permaneder **so völlig die Verpflichtungen verkennen werde, die er übernahm, indem er eine Buddenbrook ehelichte** (366). Ihre Vorstellungen von der Position ihrer Familie und ihrer selbst – und das ist wieder ein Zeichen von Kindlichkeit – sind so hochgestochen, dass sie als völlig unrealistisch anzusehen sind, entsprechend auch ihre Auffassungen von den Verpflichtungen, die das Leben und die Mitmenschen ihr gegenüber haben. Sie erwartet höchste Anerkennung und allgemeine Gerechtigkeit auf Erden zugleich. Aufgrund dieser unrealistischen Annahme ist es kein Wunder, wenn fast alles scheitert, was sie anfasst. Sie drückt es einmal, und zwar unbewusst, in einer Art Gleichnis aus, als sie Morten ein eigenes Kindheitserlebnis erzählt:

> **›Wollen Sie wissen, wie dumm ich früher war?‹ sagte Tony. ›Ich wollte die bunten Sterne aus den Quallen heraushaben. Ich trug eine ganze Menge Quallen im Taschentuche nach Hause und legte sie säuberlich auf den Balkon in die Sonne, damit sie verdunsteten ... dann mußten die Sterne doch übrigbleiben! Ja, schön ... Als ich nachsah, war da ein ziemlich großer nasser Fleck. Es roch nur ein bißchen nach faulem Seetang ...‹** (134)

Sie erzählt dasselbe Erlebnis wortwörtlich noch einmal Jahre später Hanno, als er seine Sommerferien in Travemünde verbringt (639). Dies zeigt, wie wichtig es Tony nahm und für wie wichtig es der Autor zur Kennzeichnung seiner Heldin hält, die sich in all diesen Jahren nicht geändert hat.

Tony gefällt sich in immer neuen Rollen. Sie spielt die meisten dieser Rollen aber nicht bewusst, sondern bleibt sich selbst gegenüber aufrichtig. Zwar liebt und verehrt sie ihren Bruder Tom (341), den Politiker, und möchte es ihm gleichtun. Aber zur absichtlichen Verstellung ist sie nicht fähig, sie ist hierfür zu emotional, zu spontan und zu ehrlich. Diese Ehrlichkeit stellt sie sogar noch über das Ansehen der Familie. Als Thomas sie nach dem Scheitern ihrer zweiten Ehe zum Einlenken bewegen will, ruft sie entrüstet aus: **Sind wir Buddenbrooks Leute, die nach außen hin ›tipp topp‹ sein wollen [...] und zwischen unseren vier Wänden dafür Demütigungen hinunterwürgen? [...] Nein, Sauberkeit und Offenheit muß herrschen [...]** (384 f.) – Es ist Tonys große Tragödie, dass sie dort, wo sie es wirklich aufrichtig meint – nämlich in ihrer Liebe zu Morten Schwarzkopf –, nicht aus ihrer kindlichen Befangenheit herauswachsen kann, sondern von der Umwelt zur Wichtigtuerei und zur Wertschätzung des Popanz ›Familienehre‹ mit Nachdruck erzogen wird. Sie nimmt die Forderung der Umwelt, dass sie als eine Buddenbrook zu leben und zu denken habe, schließlich bereitwillig auf und macht sich diese Denkweise zu Eigen. Dennoch vergisst sie Morten nie. Was er ihr einmal gesagt hat, bleibt für sie Gesetz und sie wiederholt seine Äußerungen – ziemlich unreflektiert – bis ins Alter mit einer geradezu rührenden Beharrlichkeit.

Aufgrund ihrer unverwüstlichen Kindlichkeit, ihrer Spontaneität, ihres **drolligen Stolzes** ist Tony eine ungemein sympathische Gestalt, die auch zum Schluss noch, als die Familie Buddenbrook sich praktisch aufgelöst hat, zwar resigniert, aber im Innersten doch ungebrochen wirkt. Sie tröstet sich damit, dass man ja, trotz aller Verluste, die die Familie erlitten hat, allwöchentlich zusammenkommen könne um in den Familienpapieren zu lesen, in jener Chronik, die ihr immer schon so wichtig gewesen ist – wichtiger vielleicht sogar als das eigentliche Leben.

4.5 Christian Buddenbrook (geb. 1828)

Schon als Kind muss es Christian sich gefallen lassen, immer mit seinem Bruder Thomas verglichen zu werden. Dabei schneidet er zuerst nicht ungünstig ab. Die geschickte Imitation seiner Lehrer, die er vor der Familie und den Gästen zum Besten gibt (15), amüsiert alle Anwesenden und rückt ihn in den Mittelpunkt der allgemeinen Aufmerksamkeit. Aber sehr bald wird doch die größere Zuverlässigkeit des Bruders dagegengehalten; im Vergleich hierzu werden Christians Darbietungen zur bloßen Spielerei. **'n Aap is hei! Soll er nicht gleich Dichter werden** [...]? (15). So sein Großvater zum Stadtpoeten Hoffstede. Zieht man THOMAS MANNS Kurzgeschichten, die dem Roman vorausgehen, in die Betrachtung mit ein, so erscheint Christian als eine weitere Variation der beinahe karikaturistisch gezeichneten ›Helden‹, mit denen der Autor das Künstlertum ironisiert.

Als Kind und jungem Menschen wird Christian zwar Begabung zugeschrieben, zugleich aber mangelnde Ernsthaftigkeit und Ausdauer, stattdessen allzu große Vorliebe für das Theater und eine gewisse **alberne Komik** (67), mit der er die Familie nicht nur unterhält, sondern auch erschreckt, etwa wenn er von der Vorstellung spricht sich an einem Pfirsichkern zu verschlucken. Unstet ist Christian beispielsweise in seinen Berufswünschen. Zuerst wird er als Gymnasiast geschildert (im Gegensatz zu Thomas, der als zukünftiger Kaufmann das Realgymnasium besucht). Er will einen wissenschaftlichen Beruf ergreifen. Dann möchte er lieber Kaufmann werden und geht zur Lehre nach London. Dort zeigt er jedoch kein großes Interesse am Geschäftlichen, sondern hält sich häufiger im Theater als in der Firma auf. Ein großes **Wanderbedürfnis,** Thomas nennt es abschätzig **Abenteuerlust** (237), führt ihn dann nach Chile. Erst nach dem Tod des Vaters kehrt er nach Lübeck zurück.

Hier zeigt er sich als veränderter Mensch, auch in seinem Aussehen. Allerdings ist die Veränderung eher eine Fortentwicklung der schon früh erkennbaren Veranlagung, als dass sich in seinem Wesen etwas grundlegend umgewandelt hätte. Als Kind sieht Christian **in beinahe lächerlicher Weise** (15) seinem Vater ähnlich. **Es waren die gleichen, ziemlich kleinen, runden und tiefliegenden Augen, die gleiche stark hervorspringende und gebogene Nase war schon erkenntlich** [...] (15). Als er aus Chile zurückkommt, hat er sich **durchaus nicht verschönt. Er war hager und bleich. Die Haut umspannte straff seinen Schädel, zwischen den Wangenknochen sprang die große, mit einem Höcker versehene Nase scharf und fleischlos hervor, und das Haupthaar war schon merklich gelichtet** (260). Damit bildet er auch äußerlich einen Kontrast zu seinem Bruder Thomas und dessen betont eleganter Erscheinung.

Beim Tod seines Vaters zeigt Christian keine Trauer, eigentlich überhaupt keine Gefühle. Er wirkt zerstreut und verlegen. Er bewältigt den Verlust des Vaters durch Imitation und intensives Nacherleben der Sterbeszene, indem er sich wieder und wieder die **Vorgänge jenes fürchterlichen Sterbenachmittages** (260) berichten lässt und sie sich vergegenwärtigt. Überhaupt richtet er seine ganze Fantasie und Beobachtungsgabe auf Symptome des Anomalen und Kranken, vor allem bei sich selbst. Er wirkt egozentrisch und hypochondrisch, aber nicht aus dem Bestreben sich in den Mittelpunkt zu stellen – vielmehr hat diese Selbstbeobachtung und Selbstdarstellung einen zwanghaften Charakter. So erzählt Christian Empfindungen und Vorstellungen, die uninteressant und deplatziert wirken, in der Familie mit großer Beredsamkeit. Dabei ist auffällig, dass er oft plötzlich in der Darstellung abbricht. Er wird dann sehr ernst und grüblerisch, die Zuhörer haben den Eindruck, als fiele eine Maske von seinem Gesicht. Dasselbe geschieht ihm auch bei seinen Imitationen und beim Erzählen der vielen Geschichten und Geschichtchen aus London und Valparaiso. Tony hört ihm hierbei noch gern zu, Thomas ist davon angewidert. Er wirft Christian vor zu stark mit sich selbst beschäftigt zu sein, **taktlose Naivitäten** (264) zu äußern, kein persönliches Gleichgewicht zu haben, wie im Fieber zu reden. Stattdessen solle er lieber etwas leisten.

Aber Christian ist eben nicht so wie sein Bruder. Als Christian sich öffentlich abfällig über den Kaufmannsstand äußert, kommt es zum Streit zwischen den beiden. Christian übt keinerlei Diskretion, er wahrt nicht die **Dehors** (312), er bietet den Widersachern der Familie (vor allem dem Emporkömmling Hagenström) zu viele Angriffspunkte und ist deswegen für die Familie in Lübeck nicht tragbar. Daraufhin geht Christian nach Hamburg und macht sich dort selbstständig, aber auch diese Unternehmung ist zum Scheitern verurteilt. Christian kehrt, nachdem er noch einmal in London sein Glück versucht hat, krank nach Lübeck zurück.

Christian hat viele echte und eingebildete Leiden. Er spricht von einer Qual im linken Bein, von Schluckbeschwerden, Atemnot (was er für ein Symptom der Lungenschwindsucht hält). An der linken Seite sind ihm, nach angeblich ärztlicher Auskunft, alle Nerven zu kurz; er empfindet unbestimmte Qual, einen Krampf, Lähmungsgefühle, leidet schließlich an Gelenkrheumatismus und wird davon wieder kuriert. Zuletzt gibt er alle Beschäftigung auf und widmet sich nur noch der Beobachtung seiner Leiden.

Wenn Christian in Lübeck ist, hält er sich meistens im **Klub** auf. Hier ist sein eigentliches Zuhause.

Dieser Klub, dem vorwiegend unverheiratete Kaufleute angehörten, besaß im ersten Stock eines Weinrestaurants ein paar komfortable Lokalitäten,

> **woselbst man seine Mahlzeiten nahm und sich zu zwanglosen und oft nicht ganz unharmlosen Unterhaltungen zusammenfand: denn es gab eine Roulette. Auch einige ein wenig flatterhafte Familienväter [...] waren Mitglieder.** (271 f.)

In Hamburg hat Christian sich mit Aline Puvogel zusammengetan, die er als **prachtvolles Geschöpf** (405) bezeichnet. **Sie ist so gesund ... so gesund ...! [...] Du solltest nur ihre Zähne sehen, wenn sie lacht!** (405), sagt er zu seinem Bruder Thomas. Aber dieser ist, wie die ganze Familie, gegen eine Verbindung Christians mit Aline, und als Christian, nach dem Tode der Mutter, gegen den Widerstand der Familie Aline heiratet, kommt es zum endgültigen Bruch.

Christians wirklichkeitsfremdes Wesen wird darin deutlich, dass er Alines Absichten nicht durchschaut. Sie ist lediglich auf sein Geld und auf die eigene Freiheit zu weiteren Abenteuern aus. Kurz nach der Eheschließung sorgt sie dafür, dass Christian in eine geschlossene Anstalt kommt.

Christian ist nicht uneinsichtig. Er zeigt Selbstkritik (321) und warnt seinen Neffen Hanno sogar vor allzu großer Leidenschaft fürs Theater (539). Durch die Zwanghaftigkeit seines Wesens lässt er aber jede Vorsicht, jede ›Politik‹, jede geschickte Einstellung auf sein Gegenüber vermissen, sodass er alle seine Chancen verspielt und schließlich entmündigt, arm und krank endet. Über sein weiteres Schicksal wird im Roman nichts mehr gesagt.

4.6 Gerda Buddenbrook, geb. Arnoldsen (geb. 1828)

Bevor Thomas Buddenbrook Gerda als seine Braut nach Lübeck heimführt, spielt sie im Roman schon einmal eine Rolle, und zwar als eine der Pensionärinnen, die zusammen mit Tony bei Sesemi Weichbrodt untergebracht sind. Gerda wird dort beschrieben als **eine elegante und fremdartige Erscheinung mit schwerem, dunkelrotem Haar, nahe beieinanderliegenden braunen Augen und einem weißen, schönen, ein wenig hochmütigen Gesicht** (86). Sie spielt Geige, ihr Vater hat ihr sogar eine echte Stradivari versprochen. Die Tatsache, dass sie Geige statt des üblichen Klaviers spielt, wird von vielen als **albern** empfunden, **wobei zu bemerken ist, dass ›albern‹ einen sehr harten Ausdruck der Verurteilung bedeutete** (87). Gerda frisiert sich auffällig, alles an ihr ist vornehm, sie hat außerdem auffallend **breite, weiße Zähne** (88). – Extravaganz und ein wenig Hochmut, künstlerische Neigung, Vornehmheit und eine gewisse, durch die sehr guten Zähne angedeutete Vitalität sind die Charakteristika dieses jungen Mädchens.

Später, als Braut und Frau Senator, wirkt sie nicht viel anders. Hinzugekommen zu diesem Bild sind allerdings die **bläulichen Schatten** ihrer Augen (291) und eine sehr distanzierte Haltung gegenüber allen Personen – auch ihrem Mann –, sofern sie nicht durch die Musik in ein näheres Ver-

hältnis zu ihr kommen. Thomas Buddenbrook, mit den Augen eines Liebenden, findet sie als Braut **größer, entwickelter, schöner, geistreicher** und **prachtvoll** aussehend beim Violinspiel (288). Aber auch der Autor beschreibt sie nicht viel nüchterner und schlägt, wenn er ihre **freie und stolze Anmut** beschreibt, mit der sie **hoch und üppig gewachsen** dahinschreitet, geradezu hymnische Töne an. Gerda ist **von einer eleganten, fremdartigen, fesselnden und rätselhaften Schönheit** (292). Aber wieder wird im Anschluss an Gerdas Charakteristik die Reaktion der Mitmenschen erwähnt: **Und unter den Damen befanden sich manche, die Gerda Arnoldsen ganz einfach ›albern‹ fanden; wobei daran zu erinnern ist, daß ›albern‹ einen sehr harten Ausdruck der Verurteilung bedeutete** (294; vgl. 87). (Man muss sich daran erinnern, dass z. B. auch Tony ihren zukünftigen Ehemann Bendix Grünlich **albern** fand (98), für Gerda ist Tony jedoch voll Bewunderung.)
In die Abneigung, die die **Damen** gegenüber Gerda zeigen, mischen sich Zweifel an ihrer moralischen Integrität. Dies wird deutlich, wenn das Verhältnis zwischen Gerda und dem Leutnant von Throta beschrieben wird.

> **Man traute diesen** [d. h. Gerdas] **Augen nicht. Sie blickten seltsam, und was etwa in ihnen geschrieben stand, vermochten die Leute nicht zu entziffern. Diese Frau, deren Wesen so kühl, so eingezogen, verschlossen, reserviert und ablehnend war, und die nur an ihre Musik ein wenig Lebenswärme zu verausgaben schien, erregte unbestimmte Verdächte. (644)**

Und tatsächlich scheinen sich diese **Verdächte** in Gerdas Umgang mit von Throta zu bestätigen.

Ob Gerda ihren Mann betrügt, bleibt im Unklaren. Das Verhältnis zu ihm war immer kühl, mehr **Höflichkeit** als Liebe (643). Ihre Hingabe an die Musik, die sie auf Hanno überträgt und die Thomas als **Beigabe** zu ihrem **eigenartigen Wesen** (508) geschätzt hat, wird mehr und mehr zur Ursache der Entzweiung. Thomas versteht die diffizile Musik, die Gerda liebt, nicht. Und Gerda hält seinen musikalischen Geschmack für banausisch (509). Dass sich diese Hingabe an die Musik auch auf den **lange vergebens ersehnten Erben** (508) überträgt und ihn für seine eigentliche Aufgabe, die Firma weiterzuführen, untauglich macht, missbilligt Thomas vollends. Als er stirbt, ist er seiner Frau gänzlich entfremdet.

Einzelheiten, die über Gerda im Roman berichtet werden, runden das Bild der rätselhaften Frau ab. Sie hasst Unruhe, Sonne, Staub, Erhitzung, das **Dérangement** (343) und braucht **Ruhe und Alltag.** Sie ist ironisch, kalt ablehnend (343), zeigt **Mokerie** (397), **nervöse Kälte** (643). Sie ist auch als reifere Frau unverändert schön und scheint, im Gegensatz zu ihrem Mann, nicht zu altern. Ihre Schönheit wirkt aber **morbide und rätselhaft** im Vergleich zu der **hübschen Gesundheit** Tonys (343). Besonderer Ausdruck ihrer Rätselhaftigkeit sind ihre braunen, eng beieinander liegenden Augen mit den bläulichen Schatten, die immer wieder erwähnt werden. Als Künstlerin verehrt sie Wagner. Sie überträgt die Liebe zur wagnerschen Musik schon sehr früh auf Hanno. Sie spricht wenig und fast nur Nebensächliches. Zum Tod ihres Mannes, ihres Sohnes und zu ihrem Abschied im letzten Kapitel des Buches wird kein Wort von ihr wiedergegeben.

Gerda wirkt wie ein Idol, unmenschlich, unnahbar. Wieweit sie Züge der Mutter des Autors trägt, ist schwer abzuschätzen. Auf jeden Fall ähnelt sie der Gerda von Rinnlingen in der Erzählung *Der kleine Herr Friedemann* in Wesen und Aussehen bis zur Übereinstimmung. Man muss wohl davon ausgehen, dass der junge Autor in diesen beiden Personen seine Idealvorstellung und sein Trauma vom Ewig-Weiblichen in eins gestaltet hat, eine merkwürdige Mischung von Anziehung und Zurückweisung.

Die Rätselhaftigkeit Gerdas hat zur Interpretation gereizt. So setzt Singer, im Anschluss an ein Wort des Maklers Gosch (**Welch ein Weib, meine Herren! Hera und Aphrodite. Brünnhilde und Melusine in einer Person ...**, 295, vgl. hierzu auch Tonys Ausruf: **O Gott, dieses Weib ... sie ist eine Fee,** 427), Gerda mit der genannten Melusine, damit dann auch mit Goethes Ottilie der *Wahlverwandtschaften* und schließlich mit Helena in *Faust II* gleich.[25]

4.7 Johann (Hanno) Buddenbrook (1861–1877)

Hanno Buddenbrook kann eigentlich als Schlüsselfigur für den gesamten Roman gelten. Die Gestalt Hannos hat autobiografische Züge. In ihr wird die Auseinandersetzung des künstlerisch begabten jungen Menschen mit den Anforderungen des Lebens gezeigt. In diesem Sinne ist die Erzählung *Tonio Kröger* die eigentliche Fortsetzung der Geschichte Hannos.

Hanno wird zum ersten Mal im Roman anlässlich seiner Taufe erwähnt (Anfang des siebten Teils). Bei der Beschreibung der Farbe seiner Augen wird angedeutet, dass er von beiden Eltern Wesensmerkmale übernommen hat. Das Charakteristische seines Gesichts ist aber der **bläuliche Schatten** (396) um seine Augen, wie er auch schon bei Gerda immer wieder aufgezeigt wurde. Dieser Schatten – bei Gerda eine Art Kennzeichen ihrer künstlerischen Ausrichtung und **morbiden Schönheit** (343) – **kleidet ein vier Wochen altes** [Gesicht] **nicht zum besten** (396), heißt es im Roman. Dies veranlasst die drei unverheirateten Töchter Gotthold Buddenbrooks, die als ständig mäkelnder Chor auftreten, zu der Bemerkung, **das Kind sehe ziemlich ungesund aus** (398), womit sie Recht haben. Schon Hannos Geburt war schwierig, er lernt dann **zum Erschrecken langsam gehen und sprechen** (422) und verfällt beim Zahnen in fast tödliche Krämpfe. – Im

Ganzen scheint es, dass das Kind kaum lebensfähig ist. Hannos Aussehen wird genau beschrieben (als Kind: 423): Er hat Hände und Nase der Buddenbrooks, der untere Teil seines Gesichtes – vor allem der Mund – entspricht aber der mütterlichen Familie. Hanno sieht fast mädchenhaft aus, hat hellbraunes, weiches Haar, einen wehmütigen, ängstlichen Mund und goldbraune Augen mit dem schon erwähnten bläulichen Schatten.

Als Schulkind – im Grundschulalter, wie man heute sagen würde – leidet Hanno unter Schlafstörungen. Er träumt, zuckt, sein Gesicht erzittert, er schreit im Schlaf auf, fantasiert, **sagt seine Gedichte daher** (463), vor allem die unheimlichen Verse aus *Des Knaben Wunderhorn*, wie etwa die vom »Bucklicht Männlein«. Der alte Hausarzt Grabow konstatiert einen ›pavor nocturnus‹, weiß aber keine Abhilfe. Hanno hat Angst vor den Anforderungen des Lebens, die ihm in Form der Schule entgegentreten. Das Zwanghafte seines Verhaltens und die kampflose Aufgabe gegenüber dem Leben erinnern an seinen Onkel Christian. Hanno kann den Stoff der Gedichte innerlich nicht bewältigen. Er nimmt sich alles zu sehr zu Herzen ohne sich dagegen wehren zu können.

Seine ganze Erfüllung findet Hanno in der Musik. Seine Mutter unterstützt ihn hierbei. Er bekommt Klavierunterricht beim Organisten von Sankt Marien, einem Herrn Pfühl, mit dem Gerda zusammen musiziert. Hanno beginnt dann bald auf dem Klavier zu fantasieren; seine Stärke liegt nicht in technisch einwandfreier Wiedergabe, sondern mehr im träumerisch Produzierenden. Hierbei wird er **bleich vor Erregung**, zeigt **Hingabe** und **Entrücktheit** (505 f.), sein Spiel ist ein Rausch mit seinen typischen Symptomen, der Euphorie und dem darauf folgenden ›Kater‹ der Ernüchterung und Erschöpfung. Es ist, als ob Hannos schwache Lebenskraft durch die Musik gänzlich aufgezehrt wird. Ebenso gut lässt sich aber auch umgekehrt sagen, diese schwache Lebenskraft kann sich nur in Musik äußern. Zu anderem Tun ist Hanno nicht fähig.

> **Thomas Buddenbrook war in seinem Herzen nicht einverstanden mit dem Wesen und der Entwicklung des kleinen Johann (508). Diese träumerische Schwäche […], dieses Weinen, dieser vollständige Mangel an Frische und Energie war der Punkt, an dem der Senator einsetzte, wenn er gegen Hannos leidenschaftliche Beschäftigung mit der Musik Bedenken erhob.** (512)

Der Vater fühlt sich verpflichtet den Sohn zu diesen Tugenden, die er an Hanno vermisst, zu erziehen. Er prüft ihn in Wissensfragen, rüttelt ihn auf, fährt ihn an, stellt Anforderungen an ihn, darüber hinaus versucht man seiner schwachen Gesundheit mit Lebertran und Rizinusöl und seinem schlechten Gebiss mithilfe des Zahnarztes Brecht aufzuhelfen. Aber all das macht Hannos Verhältnis zu seinem Vater – und zum Leben überhaupt – **nur kälter und fremder** (522). Die Schule, deren Wesen Hanno verabscheut, tut ein Übriges um ihn in seine Traumwelt zurückzuwerfen – oder genauer gesagt: ihn dort zu belassen, denn Hanno verlässt diese Welt eigentlich gar nicht. Schließlich muss der Vater einsehen, dass Hanno als sein Nachfolger niemals die Firma wird leiten können. Hanno selbst zieht in den so hoch geschätzten Familienpapieren unter seinem Namen einen Strich: **Ich glaubte ... ich glaubte ... es käme nichts mehr ...** (524)

Es gibt Ausnahmen in diesem so völlig gestörten Verhältnis zwischen Vater und Sohn, so als Thomas Angst hat, Gerdas Zusammensein mit dem Leutnant von Throta könnte ihn zum Gespött machen und ihn vor der Stadt und vor sich selbst zerstören – und er zu Hanno darüber spricht: **Siehe da, bei diesem Klange schlug der kleine Johann seine goldbraunen Augen auf und richtete sie so groß, klar und liebevoll wie noch niemals auf seines Vaters Gesicht** (650). Aber diese Augenblicke der Schwäche und der Angst, die der Vater oft empfindet, zeigt er sonst nie vor seinem Sohn und so bleibt es bei der Kälte und Fremdheit zwischen ihnen. Unmittelbar nach dem Tod des Vaters, als alle trauern, gerät **der kleine Johann** plötzlich **ins Lachen** (688).

Bei aller individuellen Ausprägung weist das Verhältnis zwischen Vater und Sohn die typischen unversöhnlichen Züge auf, die die Literatur des 19. und frühen 20. Jahrhunderts so oft schildert (z. B. Storm: *Hans und Heinz Kirch*, Hauptmann: *Michael Kramer* u. a.).[26]

Die Schilderung eines Schultages, wie Hanno ihn erlebt, nimmt den größten Raum im letzten Teil des Romans ein. Thomas Mann hat die Auffassung zurückgewiesen, in diesem Kapitel ginge es um Kritik und Bloßstellung der deutschen Schule.

> **Diese Kritik bricht sich in dem sehr individuellen Medium, durch das sie geht: der Erfahrung des kleinen Verfallprinzen Hanno; und zu sehr steht hier die Schule an Stelle des Lebens selbst in seiner höhnischen Härte und Gewöhnlichkeit, des Lebens, vor dem seinem späteren Kinde graust, – als daß [...] die Satire auf Schul-Reform gerichtet sein könnte.**[27]

Auf dieses Leben reagiert Hanno mit **Abscheu, Widerstand und Furcht** (733). Aber er kann seine Gefühle nicht artikulieren wie sein Freund Kai, der werdende Literat, oder seinen Unmut abreagieren wie die anderen in der Klasse. Hanno sagt von sich selbst (zu Kai): **Ich kann das nicht. Ich werde so müde davon. Ich möchte schlafen und nichts mehr wissen. Ich möchte sterben, Kai! ... Nein, es ist nichts mit mir. Ich kann nichts wollen. – Man sollte mich nur aufgeben. Ich wäre so dankbar dafür!** (743). Als Hanno sich nach den Schrecken des Schultages in die Musik flüchtet, charakterisiert der Autor sein Spiel als **Kultus** des **Nichts,** als etwas **zynisch Verzweifeltes** und **Wille zu Wonne und Untergang** (750). Im Zuge der wagnerschen Musik, die er nachempfindet, sagt Hanno Nein zum **Leben,** das er, der Künstler, als die fremde und feindliche Welt empfindet. Als er von Typhus befallen wird, ist es diese mangelnde Bereitschaft zum Leben, die ihn zum Opfer der Krankheit werden lässt.

Neben dem mütterlichen Erbe, der Hingabe an die Musik, wird aus dieser Einstellung heraus auch das väterliche Erbe sichtbar. Gerade Thomas Buddenbrook, der seinen Sohn zu Leistung und Lebenstüchtigkeit erziehen wollte, hatte zuletzt gegenüber diesem Leben eine solche Leere, Müdigkeit und einen solchen Überdruss gezeigt, dass er nur noch mit Mühe und für kurze Zeit seine ›Rolle‹ zu spielen vermochte. Hanno ist ehrlicher gegen sich und die anderen hinsichtlich seiner Einstellung zu diesem Leben – er muss wohl auch ehrlicher sein, weil ihm eine solche Energie, wie sein Vater sie für seine artistische Schauspielerei aufbietet, nicht zur Verfügung steht.

4.8 Nebenfiguren (Bendix Grünlich, Morten Schwarzkopf, Lebrecht Kröger, Alois Permaneder, Sesemi Weichbrodt)

Romanfiguren, die nicht durch Geburt der Familie Buddenbrook angehören, bleiben entweder recht blass in ihrer Charakterisierung oder sind nur vorübergehend für die Romanhandlung von Wichtigkeit. Diese Personen werden sehr ironisch, oft in karikaturistischer Verzeichnung dargestellt. Sie bleiben entweder bloße Randfiguren, wie die Unzahl meist Lübecker Originale, die als Arbeiter, Handwerker, Dienstmädchen, Geistliche, Lehrer oder Angehörige bekannter Familien kurz auftreten und wieder verschwinden, oder sie werden, z. B. durch Heirat, für eine Zeit lang sehr wichtige Teilhaber am familiären Geschehen.

Letzteres trifft auf Bendix Grünlich zu, jenen Hamburger Geschäftsmann, den der Konsul und seine Frau als Bräutigam für ihre Tochter Tony ausersehen haben. Grünlichs Äußeres, sofern es Natur ist, wirkt nicht eben einnehmend: Im Gesicht hat er eine auffällige Warze, sein Haar ist **spärlich** (93), sein Backenbart ist von einem ungewöhnlich auffälligen Goldgelb. – Grünlich versucht dieses nicht sehr angenehme Äußere durch korrekte Kleidung und durch devotes Benehmen auszugleichen. Dass er sich durch sein Benehmen und seine übertriebene Sprache bei den jüngeren Mitgliedern der Familie und vor allem bei Tony lächerlich macht, wirkt sich nur scheinbar nachteilig für ihn aus. Schon bei seinem ersten Auftreten wird klar, dass er kein versponnener und alberner, sondern ein durchaus ernst zu nehmender Gesprächspartner ist, der genau erkennt, dass der Weg zu Tony nur über ihre Eltern führen kann. Grünlichs Absicht ist es, Tony zu heiraten, um damit an einen guten Teil des buddenbrookschen Vermögens zu kommen. Um diese Absicht zu verwirklichen, ist ihm jedes Mittel recht. Durch seine Herkunft – er ist Pastorensohn – und seine geheuchelte Ergebenheit hat er die Eltern schnell auf seiner Seite. Dies ist zunächst das Wichtigste. Schwieriger ist es für ihn jedoch dann, Tony für sich zu gewinnen. Hier operiert er, wie schon bei den Eltern, mit Heuchelei und Verstellung. Er heuchelt Tony gegenüber unsterbliche Liebe, tiefstes Gefühl, sinkt vor ihr auf die Knie, appelliert an ihr Mitleid, droht mit Selbstmord. Er tut dies so überzeugend, dass Tony in ihrer gesunden und natürlichen Abneigung gegen ihn zwar nicht vom Gegenteil überzeugt, aber doch wankend gemacht wird (110).

Grünlich inszeniert seine Auftritte sehr klug. Er verfügt über ein hohes Maß an Einfühlungsvermögen in seine Gesprächspartner, über sehr gute schauspielerische Fähigkeiten, große Beherrschtheit (außer zum Schluss) und einen starken Willen. In der Wahl seiner Mittel ist er flexibel: Gegenüber Tonys Eltern zeigt er sich als der christliche Geschäftsmann, gegenüber Tony als verzweifelter Liebhaber, gegenüber Morten Schwarzkopf und seinem Vater als selbstbewusster Patrizier, gegenüber Kesselmeyer als beredter Bittsteller und gegenüber Tonys Vater schließlich als zerknirschter Sünder, der fortan alles besser machen will. Aber es ist zu spät. Grünlich hat zu hoch gespielt. Als Tony ihn verlässt und für Grünlich damit jede Hoffnung schwindet, dass er sie noch länger für seine Zwecke ausnutzen kann, zeigt er sein wahres Gesicht – nämlich das eines eiskalten und vollkommen charakterlosen Betrügers.

Vor der Verlobung mit Grünlich trifft Tony in Travemünde auf Morten Schwarzkopf, den Sohn des Lotsenkommandeurs. Morten ist ein Student, der gerade seine Semesterferien im Elternhaus verbringt. Er studiert Medizin in Göttingen und gehört dort einer Burschenschaftsverbindung an, was seine Eltern – vor allem aber sein Vater – natürlich nicht wissen dürfen. Morten Schwarzkopf ist zwanzig Jahre alt, mittelgroß, schmal, sein Haar ist **so blond wie möglich** (120), seine Augen **stahlblau** (143), seine Gesichtszüge **ebenmäßig und ziemlich angenehm** (120). Er wirkt zuweilen unsicher und linkisch in seinem Auftreten und errötet leicht; dafür gibt er sich in seinen Ansichten umso fester und entschiedener. Sofern sich diese auf eine gesunde Lebensweise beziehen, ist das in Lübeck und Travemünde der damaligen Zeit ungefährlich. Morten vertritt aber darüber hinaus die politischen Ansichten des Vormärz. Hiermit begibt er sich in die Rolle des Revolutionärs und in den Bereich der Illegalität. Er fühlt sich als Angehöriger des dritten Standes, der Bourgeoisie, sein Hass richtet sich gegen die Adligen, die er für **Idioten und Elende** (133) erklärt, gegen den preußischen König, von dem er behauptet, er habe sein Volk nach 1813 betrogen, gegen Privilegien, Willkür, **die jetzige Rangordnung der Stände** (136), **die dumme, rohe, augenblickliche Polizistengewalt** (137). Als Ausdruck seiner Wut hat er auf der Göttinger Studentenbude einem Skelett die Uniform eines Polizisten übergezogen. Was Morton fordert, sind Gleichheit und **Freiheit der Presse, der Gewerbe, des Handels** (136).

Die flammende Rede für Freiheit und Gleichheit, die der Autor seinen jugendlichen Helden am Strand von Travemünde vor Tony Buddenbrook halten lässt, kann den Leser und Interpreten leicht in die Irre führen, wenn er die Ironie übersieht, die hier über allem liegt. Dies wird besonders an den Einwürfen Tonys deutlich, außerdem an der Wendung, die diese in ein Gespräch übergehende Rede schließlich nimmt. **›Jaja‹, sagte Tony. ›Alles gut. Aber lassen Sie mich das eine fragen ... Was geht Sie das eigentlich an? Sie sind ja gar kein Preuße ...‹**. Morten will sich jedoch sein Feindbild nicht nehmen lassen: **›Ach, das ist alles eins, Fräulein Buddenbrook‹** (138). Und er steigert sich noch weiter, indem er Tony selbst als **Prinzeß** und **Adelige** bezeichnet und sie damit in die Reihe der verhassten Feinde eingliedert. **Seine Stimme war ganz fremdartig geworden** (138). Die Attitüde des politischen Eiferers passt nicht recht zu dem sympathischen und linkischen jungen Mann, sie wirkt angenommen und unecht. Er muss auch bald einschränken, was er über Tony sagte: **›Oh, Sie nehmen die Sache wieder als junge Dame, zu persönlich, Fräulein Tony! Ich spreche doch im Prinzip ...‹** (138).

Erst später, bei der Liebeserklärung, die er Tony macht, findet Morten wieder zu sich zurück. Er sieht ihr mit **stahlblauen, gutmütigen Augen** (143) ins Gesicht, er küsst sie **langsam und umständlich auf den Mund** (144) – die Feindschaft zwischen Bourgeoisie und Adel besteht für Morten, wenigstens in diesem Augenblick, tatsächlich nur **im Prinzip.**

Morten Schwarzkopf ist die einzige Gestalt des Romans, die politisch einen fortgeschrittenen Standpunkt vertritt. Dagegen reichen Thomas Buddenbrook eher im Literarischen, Gerda im Musikalischen und Hagenström im Geschäftlichen über die konservativen Vorstellungen des Lübecker Großbürgertums hinaus.

Als politisches Gegenstück zu Morten Schwarzkopf – obwohl beide nie zueinander in Beziehung gebracht werden – ließe sich der alte Lebrecht Kröger bezeichnen. Er ist Schwiegervater des Konsuls Buddenbrook, gehört also zu der gleichen Generation wie Johann Buddenbrook, der Alte, der erste im Roman auftretende Repräsentant der Familie. Lebrecht Kröger ist durch und durch konservativ. Im Eingangskapitel wird er vorgestellt: **Lebrecht Kröger, der à la mode-Kavalier, eine große, distinguierte Erscheinung, trug noch leicht gepudertes Haar, war aber modisch gekleidet. An seiner Sammetweste blitzten zwei Reihen von Edelsteinknöpfen** (17).

Von Lebrecht Kröger gehen für den Ablauf des Geschehens keine wesentlichen Impulse aus. Er lebt auf seinem großen Anwesen im Reichtum eines Feudalherrn (59), er genießt die Gegenwart; zu Beginn des Romans hat seine Haltung etwas rokokohaft Spielerisches. Erst als während einer Bürgerschaftssitzung Unruhen anlässlich der 48er Revolution losbrechen, wird seine erzkonservative Haltung deutlich, die sich wütend gegen jede Demokratisierungstendenz richtet. Lebrecht Kröger ist hier, in Gestalt des Lübecker Patriziers, der Adlige, wie Morten Schwarzkopf ihn meinte. Vor dem Sitzungssaal der Bürgerschaft macht sich eine Volksmenge lautstark bemerkbar. **›Die Canaille!‹ sagte Lebrecht Kröger kalt und verächtlich. Er war in seiner Equipage hierhergekommen** [...] (184). Während der nächsten Zeit steigert sich seine Kälte zur Wut. Die Sitzung kann nicht eröffnet werden. Auch Lebrecht Kröger muss warten: **›Parbleu, Jean! Man müßte diesen infamen Schmierfinken den Respekt mit Pulver und Blei in den Leib knallen ... Das Pack ...! Die Canaille ...‹** (188). Mit diesem Wort **Canaille** stirbt Lebrecht Kröger auf der Rückfahrt von der Bürgerschaft nach Hause, nachdem ihm ein kleiner Stein in die Equipage gegen die Brust geworfen worden war.

Eine solche militant konservative politische Einstellung ist für die Lübecker Patrizier der *Buddenbrooks* nicht typisch. Aber sie wird von ihnen toleriert, was für Mortens revolutionäre Auffassungen ganz undenkbar gewesen wäre.

Auf die Rolle, die Alois Permaneder in den *Buddenbrooks* spielt, wurde in der Charakteristik Tonys schon eingegangen. Auch im Kapitel »Sprache« wird auf diese Gestalt noch einmal zurückgegriffen.

Permaneder ist konzipiert nach einer Karikatur der Zeitschrift ***Simplicissimus,*** die einen dicken, unwirschen Trinker in einem Bierlokal zeigt. Im Roman behält Permaneder diesen Zug zwar bei – dies wird besonders in der sehr detaillierten Beschreibung herausgekehrt, die bei Permaneders erstem Auftreten gegeben wird (324). Im Weiteren zeichnet der Autor die Gestalt Permaneders aber wesentlich differenzierter. Aufschlussreich sind die Beiwörter, mit denen Thomas Mann Permaneder und seine Sprechweise bzw. sein Benehmen charakterisiert, z. B. **laut, ziemlich grob, treuherzig, knorrig, behaglich** (325).

In seiner zwar freundlichen, aber völlig ungezwungenen Art bringt Permaneder **gleichsam etwas Stilwidriges** (334) in die buddenbrookschen Räume. Die Konsulin reagiert erst verständnislos, dann aber einlenkend, weil sie weiß, welche Bedeutung dieser Mann für ihre geschiedene Tochter hat; ebenso bemüht zeigt sich – neben Tony – auch Thomas Buddenbrook. Alle anderen jedoch mokieren sich mehr oder weniger deutlich über Permaneder – Tony spürt dies: **Hier, wo er so ganz aus seiner eigentlichen Umgebung herausgerissen ist, wo alle anders sind, strenger und ehrgeiziger und würdiger, sozusagen ... hier muß ich mich oft für ihn genieren** [...] (339). Permaneder ist eben gar nicht in dieser Weise streng, ehrgeizig und würdig. Er hat dafür jedoch andere Qualitäten: Bescheidenheit, Freundlichkeit, Aufrichtigkeit, man könnte fast hinzufügen: Menschlichkeit. Geld und gesellschaftliche Anerkennung bedeuten ihm wenig; **›a Gaudi, a sakrische‹** (345) und die **›G'müatlichkeit‹** (369) sind ihm wichtiger. Dass er aufgrund dieser seiner persönlichen Eigenarten in Lübeck nicht anerkannt wird, dass deswegen sogar seine Ehe mit Tony scheitern muss, kann nur auf den allerersten Blick gegen Permaneder sprechen, eher ist es wohl als eine ironische Kritik des Autors an der Lebensform und -auffassung der Buddenbrooks anzusehen. THOMAS MANN muss es – von München aus – ein besonderes Vergnügen bereitet haben, seine Lübecker, die so sehr auf sich hielten, durch dieses bayerische Original in einen komischen Kontrast zu bringen.

Abschließend und mehr zum Ausgleich soll an dieser Stelle noch auf eines der vielen Lübecker Originale hingewiesen werden, die in den *BUDDENBROOKS* auftreten: Therese (Sesemi) Weichbrodt. Im 7. Kapitel des zweiten Teils wird ihre äußere Erscheinung (**sie war so bucklig, daß sie nicht viel höher war als ein Tisch,** 83), ihre seltsame Art zu sprechen (**›Ich wörde die ganze Zockerböchse nehmen‹**, 84) und vor allem ihr Verhältnis zu ihrer Schwester Madame Kethelsen alias Nelly beschrieben.

> **Therese Weichbrodt war ein belesenes, ja beinahe gelehrtes Mädchen und hatte sich ihren Kinderglauben, ihre positive Religiosität und die Zuversicht, dort drüben einst für ihr schwieriges und glanzloses Leben entschädigt zu werden, in ernstlichen kleinen Kämpfen bewahren müssen. Madame Kethelsen dagegen war ungelehrt, unschuldig und einfältigen Gemütes. ›Die gute Nelly‹, sagte Sesemi. ›Mein Gott, sie ist ein Kind, sie ist niemals auf einen Zweifel gestoßen, sie hat niemals einen Kampf zu bestehen gehabt, sie ist glücklich ...‹. In solchen Worten lag ebensoviel Geringschätzung wie Neid, und das war ein schwacher, wenn auch verzeihlicher Charakterzug Sesemis. (85)**

In dieser Mischung aus **Geringschätzung** und **Neid** gegenüber Nelly lässt sich ein erster Ansatz zu Tonio Krögers Sehnsucht erkennen, die er, der **Künstler,** nach den **Wonnen der Gewöhnlichkeit** (TK, 38) verspürt.

5 Philosophie

In seinem Aufsatz *On Myself* schreibt Th. Mann über die Bedeutung der Philosophie für die *Buddenbrooks*:

> **Ich kann von dem Roman *Buddenbrooks* nicht sprechen, ohne des ungeheuren seelischen Erlebnisses zu gedenken, das im letzten Teil eine so große Rolle spielt, ich meine das Erlebnis Schopenhauer, dessen Werk Thomas Buddenbrook gegen Ende seines Lebens liest, und durch das er sozusagen zum Tode reif gemacht wird. Ich rede hier von Bildungserlebnissen, zu denen auch die erste Begegnung mit der Kulturkritik Nietzsches gehörte, und Nietzsches Ideen sind es ja, die sich in den von Schopenhauer inspirierten Kapiteln mit dessen Philosophie so eigentümlich vermischen. (SB, 107)**

Um eine solche Äußerung nachvollziehen zu können ist es notwendig, sich die philosophischen Hintergründe des Romans kurz zu vergegenwärtigen.

5.1 Schopenhauers Philosophie

Schopenhauers (1788–1860) Hauptwerk trägt den Titel *Die Welt als Wille und Vorstellung* (erschienen 1819). Mit den Begriffen **Wille** und **Vorstellung** ist bereits der Grundgedanke der schopenhauerschen Philosophie angedeutet.

Was ist der **Wille**? Er ist eine blinde und nicht näher zu bestimmende Kraft, die den Urgrund und -quell der Welt und allen Seins darstellt, ein Trieb, der das Leben schafft und der für die Erhaltung der Gattungen (auf die es ihm ankommt) durch massenhafte Produktion von Individuen sorgt (auf die es ihm im Einzelnen nicht so sehr ankommt).

In seiner letzten und höchsten Produktion, dem Menschen, schafft sich der **Wille** als Orientierungs- und Hilfsmittel den Intellekt. Dieser Intellekt ist zu Erkenntnis, Fantasie und Bewusstsein fähig. Er ist eigentlich nur als Diener des Willens gedacht, kann sich aber aufgrund seiner besonderen Eigenschaften selbstständig machen. Als solcher schafft er sich seine eigene, dem Individuum zugeordnete, also subjektive **Vorstellung** von der **Welt.** Indem er sich von den Einzelerscheinungen, die der **Wille** hervorgebracht hat, lösen und sich über sie erheben kann, distanziert er sich von ihnen und kommt zu einem interesselosen, ästhetischen, künstlerischen Erlebnis. Die Fähigkeit des Intellekts führt noch weiter: Der Intellekt kann die Sinnlosigkeit des Willens, den leeren Kreislauf des Lebens, durchschauen, verneinen und sich außerhalb seiner stellen. Dies ist vorübergehend durch das reine Anschauen, durch das ästhetische Erleben der Kunst, auf Dauer nur durch

Askese, Mitleid und Heiligung möglich. Hier wird der christliche und indische Einfluss auf die schopenhauersche Philosophie deutlich.

Schopenhauers Weltbild stellt eine Polarität dar, die allerdings beiden Polen durch ihre Bewertung eine verschiedene Gewichtung gibt: Der blinden Zeugungskraft des Willens, die sich in immer neuen Individuen verkörpern will und die als (einzige!) schöpferische Kraft der Welt angesehen wird, steht der Intellekt gegenüber – eigentlich Werkzeug des Willens, aber fähig zur Selbstständigkeit und Widersätzlichkeit (und damit eigentlich ein Sündenfall in der Welt des Willens). Der **Wille** ist stärker als sein Gegenpol. Er ist ewig und umfassend. Aber gerade dieser **Wille** wird vom Philosophen (und dem von ihm konzipierten Intellekt) verneint. Er ist Sinnlosigkeit, Qual, Getriebensein, er kennt und gibt nie Erfüllung; wo das Leid aufhört, fängt die Langeweile an – und dennoch hängen die Menschen an diesem ihrem Leben, das der **Wille** ihnen gegeben hat. Dem ist als Antwort die Verneinung des Willens entgegenzusetzen, der Rückzug vom Leben, die Flucht in die reine Betrachtung ästhetischer Regelmäßigkeiten.

Hier hat die Kritik an Schopenhauers Weltbild angesetzt (sofern sie nicht schon grundsätzlicher die sexuelle Triebhaftigkeit seines Weltgrundes abgelehnt hat). Wenn der **Wille** das Schöpfungsprinzip der Welt darstellen soll und wenn also nichts existiert, was nicht vom **Willen** geschaffen ist – was bleibt dann übrig, wenn dieser **Wille** verneint wird? Nur das Nichts. Aber dieses Nichts soll für den Weisen **alles** sein, die Quelle aller Glückseligkeit. Man muss zu dem Schluss kommen, dass Schopenhauer den **Willen** seiner Philosophie entweder zu umfassend konzipiert oder zu radikal kritisiert hat.

5.2 Thomas Manns Schopenhauer-Erlebnis

Thomas Mann bezeichnet sein Kennenlernen der Philosophie Schopenhauers als **ein seelisches Erlebnis ersten Ranges und unvergeßlicher Art** (*Lebensabriss*, E 3, 189). Aber er folgt dem Philosophen nicht blind. Erstens hatte sich Thomas Mann vor der Begegnung mit Schopenhauer schon mit Nietzsche auseinander gesetzt und trug die Ergebnisse dieser Auseinandersetzung in seine Aufnahme der schopenhauerschen Philosophie hinein. Und zum anderen war es nicht das gesamte philosophische Gebäude Schopenhauers, das ihn faszinierte, sondern nur sein Fundament. **Was es mir antat auf eine sinnlich-übersinnliche Weise, war das erotisch-einheitsmystische Element dieser Philosophie** (E 3, 190), d. h. Schopenhauers Auffassung vom erotischen Charakter des Weltganzen, das aus der ewigen Zeugungskraft des **Willens** entsteht, wobei aus dessen **ursprünglicher Einheit eine Vielheit wurde** (E 4, 263). Wenn sich der **Wille**, um sich zu objektivieren, in Tausende von Einzelwesen zerteilt, so sind diese doch eigentlich immer noch, auch in ihrer Vereinzelung, Teile des Ganzen. Hierum ging es THOMAS MANN vor allem. Auf die **Weisheit** Schopenhauers, die Verneinung dieses triebhaften Willens, kam es ihm weniger an. Über diese beiden Einschränkungen, über die Verbindung mit Nietzsche und über die Beschränkung vor allem auf das *eine* **Element** schopenhauerscher Philosophie, haben THOMAS MANN und seine Interpreten sich mehrfach geäußert.

In *BUDDENBROOKS* ist mehr von der Philosophie Schopenhauers eingeflossen als nur **das erotisch-einheitsmystische Element.** Das Thema des Romans wird in seinem Untertitel deutlich: »Verfall einer Familie«. Bei der Rekapitulation der äußeren Handlung wurden die Stationen dieses Verfalls klar. Der alte Johann Buddenbrook erscheint als eine vitale, in sich gefestigte Persönlichkeit. Kunst, z. B. Musik, ist für ihn nur Beigabe. Man sieht das an der Art, wie er nach Tisch Flöte spielt. Er ist realistisch, praktisch, lebenszugewandt und unproblematisch. Verfolgt man die Entwicklung der Familie über den frommen, skrupulösen Konsul Johann Buddenbrook und über die dritte Generation – Thomas, der nur noch die Rolle eines Praktikers spielt, allerdings heldenhaft bis zur Aufopferung, auch Christian in seiner nervös-zwanghaften Selbstbeobachtung und Tony in ihrer sympathisch wirkenden, aber an der Wirklichkeit vorbeigehenden Pose der würdigen Patrizierin – bis hin zu Hanno, dann wird dieser Prozess des Verfalls deutlich. Hanno ist eben im Innersten ganz das Gegenteil seines Urgroßvaters. Alle Attribute, die auf jenen zutreffen, könnte man für Hanno in ihr Gegenteil verkehren: Er ist dem Tode zugewandt, er ist ganz und gar problematisch, insbesondere in Hinsicht auf die Wirklichkeit des Lebens und auf ein praktisches Verhalten in diesem Leben. Hinsichtlich Hannos spricht Vogt in seiner Interpretation des Romans aber auch von der **Kehrseite der Lebensschwäche und Realitätsabwehr** und stellt **eine außergewöhnlich entwickelte Wahrnehmungs-, Empfindungs- und Einfühlungsfähigkeit** fest.[28]

Stellt man die Begriffe **Leben** und **Wirklichkeit** den Begriffen **Sensibilität** und **Bewußtsein** gegenüber, so kommt man zu derselben Polarität, wie sie in Schopenhauers Philosophie festzustellen war zwischen dem lebensschaffenden, unbewussten **Willen,** der die Welt ausmacht, einerseits und der bewussten und immer sensibler werdenden **Vorstellung,** die sich der Intellekt von ihr macht, andrerseits. An diesen Prozess knüpfte Schopenhauer seine ganze Hoffnung. Der Intellekt entwickelt sich, erhebt sich über die Welt des **Willens,** distanziert sich von ihr und verneint sie schließlich. Dabei flüchtet er sich in die Welt der künstlerischen Betrachtung, die Musik nimmt eine dominierende Rolle ein. Insofern personifiziert Hanno die höchste Stufe der Entwicklung des Intellekts gemäß der schopenhauerschen Philosophie. Der alte Johann Buddenbrook dagegen kennt keine Skrupel, keine Fantasie, bei seinem Sohn tut er dergleichen verächtlich als **idées** ab und bei Tony ist er verärgert, wenn sie ein physikalisches Ereignis (Gewitter) nicht auf rein wissenschaftliche Weise zu erklären gelernt hat.

So einleuchtend die Parallelität oder sogar die Identität in dieser Entwicklung zwischen Roman und Philosophie auch ist – die Gleichung scheint dennoch nicht aufzugehen. **Verfall einer Familie,** das ist eher ein abwertendes als ein anerkennendes Wort. Und gerade dieser **Verfall** sollte als Weg zu höherer Entwicklung angesehen werden? Auch bei näherer Betrachtung der einzelnen Personen scheint diese Interpretation nicht zu passen. Weder wirkt der alte Buddenbrook als dumpfe Ausgeburt des **Willens,** noch wirken etwa Hanno oder gar Christian als Weltüberwinder durch die Kraft ihres entwickelten Intellekts. Völlig fragwürdig wird die Entsprechung von Roman und Philosophie, wo Schopenhauers Denken unmittelbar und in wortwörtlicher Formulierung in den Roman hineinwirkt, nämlich bei der Schopenhauer-Lektüre Thomas Buddenbrooks kurz vor seinem Tode.[29]

Dieses Schopenhauer-Erlebnis Thomas Buddenbrooks ist im zehnten Teil, 5. Kapitel, des Romans dargestellt. Thomas ist gealtert, völlig erschöpft, außerdem verängstigt durch Gerdas Verhältnis zu von Throta. **Alle seine Kräfte nahmen ab; was sich in ihm verstärkte, war allein die Überzeugung, daß dies alles nicht lange währen könne und daß sein Hintritt nahe bevorstehe** (651). In dieser Stimmung liest er in Schopenhauers Hauptwerk das Kapitel »Über den Tod und sein Verhältnis zur Unzerstörbarkeit unseres Wesens an sich«. Man sollte erwarten, dass in dieser Stimmung und bei dieser Lektüre dem Senator das Sterben leicht würde; wo doch der Philosoph das, was Thomas erleiden muss, als eine Erlösung darstellt. Und tatsächlich kommt es anfangs auch zu dieser erwarteten Erkenntnis: **Der Tod war ein Glück, so tief, daß er nur in begnadeten Augenblicken, wie diesem, ganz zu ermessen war. Er war die Rückkunft von einem unsäglich peinlichen Irrgang, die Korrektur eines schweren Fehlers, die Befreiung von den widrigsten Banden und Schranken** [...] (656 f.). Der Tod als Befreiung, als Wiedergutmachung, als Erlösung aus dem Gefängnis des Ich – das ist im Sinne Schopenhauers gedacht und zugleich, wie Schopenhauer selbst zugibt, im Grunde auch im Sinne des orthodoxen Christentums. Aber was kommt nach dieser Erlösung? Schopenhauer schreibt: **In der Stunde des Todes entscheidet sich, ob der Mensch in den Schoß der Natur zurückfällt, oder aber dieser nicht mehr angehört, sondern – – –: für diesen Gegensatz fehlt uns Bild, Begriff und Wort,** dieser Gegensatz bleibt für uns **als eine bloße Negation stehen.**[30]

Bei Thomas Buddenbrook nimmt dieser Gedanke jedoch eine ganz andere Wendung: **Ende und Auflösung? Dreimal erbarmungswürdig jeder, der diese nichtigen Begriffe als Schrecknisse empfand! Was würde enden und was sich auflösen? Dieser sein Leib ... Diese seine Persönlichkeit und Individualität, dieses schwerfällige, störrische, fehlerhafte und hassenswerte Hindernis, etwas Anderes und Besseres zu sein!** (657). Dass Thomas nicht in seinem Sohn Hanno fortleben wird, der so anders als er selbst ist, ist ihm jetzt klar.

> **Wo ich sein werde, wenn ich tot bin? Aber es ist so einleuchtend klar, so überwältigend einfach! In allen denen werde ich sein, die je und je Ich gesagt haben, sagen und sagen werden: besonders aber in denen, die es voller, kräftiger, fröhlicher sagen ... Irgendwo in der Welt wächst ein Knabe auf, gut ausgerüstet und wohlgelungen, begabt, seine Fähigkeiten zu entwickeln, gerade gewachsen und ungetrübt, rein, grausam und munter [...]: Das ist mein Sohn. Das bin ich [...] (658)**

Dies hat mit Schopenhauers Erlösung zum Nichts und zur Stille keinerlei Gemeinsamkeit mehr. Vielmehr hört man aus diesen Zeilen den Stil eines anderen Philosophen heraus:

> **›Nicht auf euch warte ich hier in diesen Bergen, nicht mit euch darf ich zum letzten Male niedersteigen. Als Vorzeichen kamt ihr mir nur, daß schon Höhere zu mir unterwegs sind, – – nicht die Menschen der großen Sehnsucht, des großen Ekels, des großen Überdrusses und das, was ihr den Überrest Gottes nanntet,**
> **– Nein! Nein! Dreimal Nein! Auf andere warte ich hier in diesen Bergen und will meinen Fuß nicht ohne sie von dannen heben.**
> **– Auf Höhere, Stärkere, Sieghaftere, Wohlgemutere, solche, die rechtwinklig gebaut sind an Leib und Seele: lachende Löwen müssen kommen!**
> **O, meine Gastfreunde, ihr Wunderlichen, – hörtet ihr noch nichts von meinen Kindern? Und daß sie zu mir unterwegs sind? [...]**
> **– Was gäbe ich nicht hin, daß ich eins hätte: diese Kinder, diese lebendige Pflanzung, diese Lebensbäume meines Willens und meiner höchsten Hoffnung!‹**
> **Also sprach Zarathustra und hielt plötzlich inne in seiner Rede: denn ihn überfiel seine Sehnsucht [...]**[31]

Es sind die Worte des anderen großen Philosophen, Nietzsche, der schon vor Schopenhauer Einfluss auf THOMAS MANN ausgeübt hatte. Von Negation des Lebens und des Willens kann gar keine Rede mehr sein. Thomas Buddenbrook ist von einer rauschhaften Liebe zum Leben und zu den **Lebensbäumen** erfüllt. Er sehnt sich nach seinem Tod und der Auflösung seines Ichs (das ist im Sinne Schopenhauers), er fühlt sich mystisch eins mit anderen Individuen (das ist noch im Sinne Schopenhauers) und er möchte weiterleben in denen, die das Leben kräftiger und munterer verkörpern, als er es je gekonnt hat (das ist im Sinne Nietzsches). Die Liebe zum eigenen Tod ist zugleich Liebe zum Leben und dieses Leben verkörpert sich ihm in Gestalt des gerade gewachsenen, munteren Knaben. (Vgl. hierzu *Tonio Kröger*, die Liebe des Helden zu den Blonden und Blauäugigen.)

5.3 Die Philosophie Nietzsches

Es ist unmöglich, im Rahmen dieser Arbeit eine Darstellung der Philosophie Nietzsches zu geben. Es soll lediglich hingewiesen werden auf die Züge der Philosophie Nietzsches, die zum Verständnis der Liebe zum Leben, wie Thomas Buddenbrook sie äußert, wichtig sind.

Friedrich Nietzsche (1844–1900) war zunächst ein begeisterter Schüler Schopenhauers. Schopenhauers Resignation, sein Rückzug aus der Welt des Willens ins Nichts, wie er es als Erlösung empfahl, wurde jedoch von Nietzsche bald als eine Philosophie der Schwäche empfunden. **Nietzsche ist weit davon entfernt, den lebensverneinenden Konsequenzen der Philosophie Schopenhauers zuzustimmen: es gilt vielmehr, trotz der Einsicht in die furchtbare Wirklichkeit, zu einer Bejahung des Daseins zu gelangen. Diesen Weg führt der tragische Künstler, der im Untergang des Einzellebens die Ewigkeit des Lebens feiert** [...][32] Als solche Künstler werden die griechischen Tragödiendichter und Richard Wagner von Nietzsche gesehen. In Nietzsches weiterer Entwicklung wird die **Bejahung des Daseins** stärker hervorgehoben. Moralische Vorurteile werden abgebaut, Instinkt und Trieb in ihrer Bedeutung betont. Nietzsche beschränkt allerdings dieses Menschenbild immer einseitiger auf die elitäre Minorität des **Übermenschen.** Nietzsches Denken richtet sich nicht nur gegen Schopenhauer, sondern auch gegen Wagner, das Christentum und schließlich gegen jede moralisch oder demokratisch ausgerichtete Denkweise. Was sich als kraftvoll in diesem Leben erweist, ist nach Nietzsche gut, ist im Recht, vor allem in der Herrschaft über die Schwächeren. Geist und Moral sind nur Mittel um die Herrschaft des Lebens zu unterminieren.

Vor dem Hintergrund dieser Verherrlichung des Lebens, das barbarisch-kraftvoll über die kranke, absterbende Zivilisation, die philosophische Resignation, die – nach Nietzsche – untergehende christliche Religion triumphiert, kommt es schließlich zum Bruch mit Wagner. Gerade in dem ehemals so bewunderten Künstler sieht Nietzsche nun einen Vertreter der morbiden Gegenwelt zu seinen Idealen von der Herrschaft des Lebens. In der Schrift *Der Fall Wagner* (von 1888) nennt Nietzsche den Komponisten einen **Künstler der décadence** und fährt fort:

> **Ich bin ferne davon, harmlos zuzuschauen, wenn dieser décadent uns die Gesundheit verdirbt – und die Musik dazu! Ist Wagner überhaupt ein**

Mensch? Ist er nicht eher eine Krankheit? Er macht alles krank, woran er rührt – er hat die Musik krank gemacht –
Ein typischer décadent, der sich notwendig in seinem verderbten Geschmack fühlt, der mit ihm einen höheren Geschmack in Anspruch nimmt, der seine Verderbnis als Gesetz, als Fortschritt, als Erfüllung in Geltung zu bringen weiß.[33]

Mit der Bezeichnung dekadent – Dekadenz will Nietzsche grundsätzliche und scharfe Kritik an Wagner üben. Das Wort hat für ihn eindeutig abwertende Bedeutung. Tatsächlich aber hat sich – auch schon zu Zeiten vor und während der Distanzierung Nietzsches von Wagner – der Begriff Dekadenz immer wieder als außerordentlich schillernd erwiesen. So schreibt Dieter Borchmeyer unter dem Stichwort **Décadence** hierzu:

> Der Begriff der D. gehört zu den typischen pejorativen Etiketten, welche der Literatur der Moderne von ihren Kritikern verliehen, von ihren Repräsentanten und Apologeten aber zu positiven Termini umgewertet worden sind. Anders freilich als etwa der Terminus Naturalismus hat der Begriff der D. seine ursprüngliche abwertende Bedeutung bis in die neuere Literaturgeschichtsschreibung nicht ganz von sich abstreifen können.[34]

Vom Wesen der Dekadenz schreibt Borchmeyer:

> Ihre Innovationen waren weniger formaler als stofflicher Art: die Darstellung von Verfall, biologischem Niedergang bei gegenläufiger Spiritualisierung und ästhetischer Sensibilisierung von Krankheit und Tod [...][35]

Herbert Lehnert kommt in seinem Aufsatz *Familienfeindlichkeit* zu ähnlichen Ergebnissen:

> Der Begriff der Dekadenz ist wert-ambivalent. Einerseits bedeutet er Abstieg, biologischen Verfall, andrerseits sind die kreativen Menschen stolz auf ihre Dekadenz, die sie von den banalen Bürgern unterscheidet [...][36]

Der Bezug zum literarischen Werk Th. Manns wird hierbei deutlich. Die zitierten Zeilen aus Borchmeyers und Lehnerts Arbeiten könnte man sich ebenso gut als Teil einer Analyse der Persönlichkeitsstrukturen von Hanno Buddenbrook oder Tonio Kröger vorstellen. Sie sind aber zur Kennzeichnung einer ganzen Epoche oder Bewegung gedacht.

Der Begriff des Verfalls spielt auch in den Werken des Naturalismus eine bedeutende Rolle, so z. B. in den frühen Dramen G. Hauptmanns *Vor Sonnenuntergang* (1889), *Das Friedensfest* (1890). Der Naturalismus sieht den Menschen als Geschöpf seines Milieus und seiner ererbten Anlagen. **Wer durch Vererbung oder Milieu zur Schwäche verurteilt ist, geht zugrunde.**[37]

5.4 Thomas Manns Verhältnis zu Nietzsche, seine Verbindung der Philosophie Nietzsches und Schopenhauers

THOMAS MANN selbst hat in seinem Essay *SCHOPENHAUER* das Schopenhauer-Erlebnis Thomas Buddenbrooks interpretiert. Er zitiert es dort sogar aus seinem eigenen Roman:

> **Das Zitat [...] geschieht, um zu zeigen, daß man im Sinne eines Philosophen denken kann, ohne im geringsten *nach* seinem Sinn zu denken, will sagen, daß man sich seiner Gedanken bedienen – und dabei denken kann, wie er durchaus nicht gedacht haben will. Hier dachte freilich einer, der außer Schopenhauer auch schon Nietzsche gelesen hatte und das eine Erlebnis ins andere hineintrug, die sonderbarste Vermischung mit ihnen anstellte. (E 4, 285)**

THOMAS MANN weist auf Wagner hin, der ähnlich im *TRISTAN* verfahren habe: **Es wird darin gleichsam die erotische Süßigkeit, die berauschende Essenz aus der Philosophie Schopenhauers gezogen, die Weisheit aber liegengelassen.** Dasselbe gilt auch für die *BUDDENBROOKS*. **So gehen Künstler mit einer Philosophie um** [...] (E 4, 286).

Wenn THOMAS MANN sich so emanzipiert gegenüber der Philosophie Schopenhauers verhielt, so ist zu fragen, ob er Nietzsche gegenüber eine ähnliche Distanz wahrte. Dies ist zu bejahen. In seinem Essay *NIETZSCHES PHILOSOPHIE* weist THOMAS MANN vor allem auf **zwei Irrtümer** dieses Philosophen hin. Erstens verkenne Nietzsche, nach THOMAS MANN, das Machtverhältnis zwischen Leben und Geist. Nicht das Leben sei in Gefahr und müsse geschützt werden, sondern gerade umgekehrt der Geist. Zweitens sei auch das Verhältnis zwischen Leben und Moral bei Nietzsche falsch gesehen. Sie seien keine Gegensätze, sondern gehörten zueinander. **Ethik ist Lebensstütze, und der moralische Mensch ein rechter Lebensbürger** [...] (E 6, 77). Wie bei Schopenhauer die lebensverneinende Konsequenz, so lehnt THOMAS MANN bei Nietzsche die lebensverherrlichende und amoralische Komponente seiner Philosophie ab. Er nimmt damit beiden Anschauungen ihre Spitze, ›verbürgerlicht‹ sie und nähert sie einander an, obwohl die eine in ihrem Prinzip lebensverneinend und die andere gerade lebensbejahend ist. Vereinigung des Unvereinbaren? THOMAS MANN prägt einen anderen Begriff hierfür, der weniger radikal, dafür eher diplomatisch ist: nämlich Vermittlung, Mittlertum. Hierin sieht er die eigentliche Aufgabe der Kunst. Im Verhältnis zu Leben und Geist **ist ihr Wesen das eines mondhaft-zauberischen Mittlertums zwischen den beiden Regionen. Dies Mittlertum ist die Quelle ihrer Ironie** (E 4, 260). Die Philosophie zeigt Gegensätze. Schopenhauer verneint das Leben, bejaht das Nichts. Nietzsche bejaht das Leben, verneint das Metaphysische. Die Kunst und die Ironie –

für THOMAS MANN ist die wahre Kunst immer ironisch – überbrückt diese schroffe Gegensätzlichkeit. Sie folgt Schopenhauer *und* Nietzsche. Sie bejaht das Leben und den Geist. Indem das Leben sich die Kritik des Geistes gefallen lässt, gewinnt es nur (vgl. Essay *NIETZSCHES PHILOSOPHIE*, E 6, 76). Andererseits schöpft der Gegenpol des Lebens, der Geist, Kraft aus seiner Liebe zum Leben.

Hieraus erklärt sich für den Roman *BUDDENBROOKS* die Doppeldeutigkeit seiner Gestalten, hieraus erklären sich auch die Unstimmigkeiten, die beim einseitigen Vergleich des Romans mit der Philosophie Schopenhauers auftraten.

6 Ökonomische und soziale Hintergründe

Der Roman *Buddenbrooks* lässt schon in den ersten, einführenden Szenen deutlich erkennen, welcher Art das soziale Gefüge der relativ kleinen Hafenstadt ist, in der die Handlung vom Jahre 1835 bis 1877 spielt. Es gibt eine sehr klare Trennungslinie zwischen den Mitgliedern der Familie Buddenbrook sowie ihren Gästen einerseits und den vom Erzähler so genannten **kleineren Leuten** (183) andererseits. Ein ›Mittelstand‹ zwischen Arm und Reich, zwischen Groß- und Kleinbürgertum ist offenbar nur ansatzweise vorhanden.

Es ist aufschlussreich, die von den Buddenbrooks zum Essen geladenen Gäste hinsichtlich ihres Berufsstands zu betrachten. Es erscheinen: Dr. Grabow, der Hausarzt, Hoffstede, **der Poet der Stadt** (14), Pastor Wunderlich, Makler Grätjens, Senator Langhals, Weinhändler Koeppen, die verwandten Krögers, Holzgroßhändler Oeverdieck (16 f.). Im Ganzen gesehen also sind hier vor allem reiche Kaufleute unter sich, die allerdings auch ›ihre‹ Akademiker und Künstler in ihre Gesellschaft integrieren, jedoch eher aufgrund persönlicher Beziehungen zu ihnen als aufgrund ihres Standes.

Diesem Kreis gegenüber steht das Volk der vielen Bediensteten, selbstverständlich auf sozial unendlich viel niedrigerer Stufe, es sind die Mädchen (198), Folgmädchen (20, 37, 655), Kindermädchen (199), Köchinnen (175, 228, 242), bei den vornehmen Krögers auch Zofen (59), der Kutscher Jochen (192) und bei allen Herrschaften viele Diener, Bedienstete (59, 76).

Zu diesen im Haus tätigen Bediensteten sind in weiterem Sinne auch die in der Firma fest angestellten oder außerhalb der Firma (etwa beim Hausbau) temporär beschäftigten Arbeiter zu rechnen, von denen Erstere zu ihren Chefs in einem fast familiären Verhältnis stehen. Man darf sich allerdings nicht darüber hinwegtäuschen, dass dieses familiäre Verhältnis den Arbeitern und Hausangestellten nicht einmal die Position und Rechte unmündiger Kinder zuweist. So wird die Köchin Trina, als sie aufsässige und klassenkämpferische Äußerungen tut, sofort entlassen (176) und der bei den Buddenbrooks tätige Arbeiter Corl Smolt, als Wortführer der **Revolutschon** (191), wird einfach zusammen mit all seinen Gesinnungsgenossen nach Hause geschickt, worauf Smolt dann erleichtert sagt: **un ick bün je ook man froh, dat Herr Kunsel mi dat nich öwelnehmen daut** (192). Beim Einzug in das neue Haus nimmt der Senator wie ein Herrscher von den anwesenden Bauarbeitern **dankend die Hochrufe entgegen, die man ihm darbrachte** (425).

Aber es gibt nicht nur die streng durchgehaltene und beachtete Aufteilung einerseits von Großbürgertum, also reicher Kaufmannschaft, und andererseits von Bediensteten und Arbeitern, sondern diese beiden Lager weisen auch in sich noch Schichtungen auf. So ist Ida Jungmann **stolz darauf, als ergebene Dienerin ersten Kreisen anzugehören. Sie war eine Person von aristokratischen Grundsätzen, die haarscharf zwischen ersten und zweiten Kreisen, zwischen Mittelstand und geringerem Mittelstand unterschied** (12). Wer gehört zu den ersten Kreisen? Das wird bei der Darstellung der denkwürdigen Bürgerschaftssitzung anlässlich der **Revolutschon** deutlich. Vom Barbier Wenzel heißt es dort: **Er rasierte nur in den ersten Kreisen, er rasierte fast ausschließlich die Möllendorpfs, Langhals', Buddenbrooks und Oeverdiecks** (183). Die Unterscheidung zwischen **Mittelstand** und **geringerem Mittelstand** wird dem Leser nicht so deutlich erkennbar, wie dies im Bewusstsein etwa Ida Jungmanns der Fall ist. Deutlich wird dagegen, wer im Roman zu den **kleineren Leuten** gerechnet wird: **Dem Eingang zunächst stand eine Gruppe, die aus kleineren Leuten, aus zwei oder drei unbedeutenden Geschäftsinhabern, einem Gymnasiallehrer, dem ›Waisenvater‹ Herrn Mindermann und Herrn Wenzel, dem beliebten Barbier, bestand** (183).

Tatsächlich ist der Kreis der Menschen, die **kleiner,** also für einen sehr persönlichen Umgang oder gar für eine Eheschließung mit Mitgliedern der ersten Kreise nicht standesgemäß sind, für heutige Begriffe erstaunlich groß. Natürlich gehören Blumenverkäuferinnen wie Anna (164 ff.) oder die Tochter eines Ladenbesitzers wie Mamsell Stüwing (Gottholds Frau, 47) oder die Hamburger Lebedame Aline Puvogel (Christians Frau, 405) hierzu und erst recht eine Schauspielerin wie Fräulein Meyer-de la Grange (81), der Christian Blumen schenkt, und all die Handwerker, kleinen Händler und Gemüsefrauen, die im Roman auftreten. Aber ebenso selbstverständlich wie diese ordnen sich auch etwa eine Schulvorsteherin (63), der Prokurist Marcus (75), der Lotsenkommandeur Schwarzkopf (151 ff.) den ersten Kreisen unter. Auch sie gehören zu den **kleineren Leuten,** die sich gegenüber den Mitgliedern der ersten Kreise devot, verlegen, dienstbereit und fast hilf- und rechtlos zeigen. Akademische Bildung bzw. Ausbildung bedeutet hierbei nicht viel. Morten hat Recht, wenn er Tony eine **Adlige** nennt. Die Grenzen zwischen Adligen und Bürgern in den Fürstentümern und Grafschaften Deutschlands sind keineswegs strenger gezogen als die zwischen Angehörigen der ersten Kreise und den ›kleineren Leuten‹ in der Hansestadt an der Ostsee. **Ihr Vater,** sagt Morten zu Tony, **ist ein großer Herr, und Sie sind eine Prinzeß. Ein Abgrund trennt**

Sie von uns andern, die wir nicht zu Ihrem Kreise von herrschenden Familien gehören (138). Auch innerhalb des ersten Kreises der herrschenden Familien gibt es jedoch noch Differenzierungen, weil das Schicksal und die Fortune dieser Familien im Laufe der Zeit entscheidenden Entwicklungen unterworfen sind. So wird zu Anfang des Romans beim großen Essen im Buddenbrook-Haus der Firma Ratenkamp & Comp. gedacht – und damit der Familie, die hinter dieser Firma stand –, **dieser ehemals so glänzenden Familie, die das Haus erbaut und bewohnt hatte und die verarmt, heruntergekommen, davongezogen war …** (22). Die Buddenbrooks hatten ihnen das Haus abgekauft, als ihr Stern hoch genug gestiegen war. Jahre später dann muss Tony beklagen, dass sich für ihre Familie Ähnliches vollzogen hat wie vorher für die Ratenkamps: **Buddenbrooks sind fertig, sie sind endgültig abgetan, sie ziehen ab, und Hagenströms rücken mit Kling und Klang an ihre Stelle** (zu Thomas, 599).

Es wird immer wieder die Frage aufgeworfen, ob der **Verfall** der Familie Buddenbrook als symptomatisch für den Niedergang des Bürgertums in Deutschland oder in Lübeck zu jener Zeit anzusehen ist. Hierüber geben sowohl der Roman selbst als auch sein Autor an anderer Stelle sowie die neuere Forschung Auskunft.

Bei dem **Verfall** der Familie Buddenbrook gehen wirtschaftliche und biologisch-vitale Entwicklungen Hand in Hand. Für die Analyse des Niedergangs müssen sie jedoch getrennt gesehen werden. Schon der Vergleich mit Ratenkamps und Hagenströms zeigt, dass der wirtschaftliche Niedergang der Familie und Firma Buddenbrook nicht symptomatisch für die Entwicklung des Bürgertums in jener Zeit sein kann, sonst wären Ratenkamps und Buddenbrooks ähnlich erfolgreich geblieben, wie es später Hagenströms werden, oder diese hätten sich nicht so erfolgreich entwickeln können.

Die wirtschaftliche Lage war zu der Zeit, in der die Handlung der *Buddenbrooks* spielt, günstig. Durch die Industrialisierung, die fortschreitende Gewerbefreiheit, den Ausbau des Deutschen Zollvereins sowie des Eisenbahnnetzes erschlossen sich für das Bürgertum ausgezeichnete Möglichkeiten zur Nutzung und Vermehrung seines Kapitals. Voraussetzung war allerdings, dass in den führenden Köpfen der bürgerlichen Handelshäuser die Bereitschaft, Fantasie und Vitalität vorhanden waren sich diesem Neuen gegenüber auch zu öffnen. Statt Landbesitz oder Wertpapiere zu erwerben oder einfach nur für die Zukunft zu sparen ging der Zug der Zeit dahin, das Kapital in neue, Gewinn bringende Industrieunternehmungen zu investieren. Aus den Forderungen der Zeit entstand ein neuer Typ des Unternehmers.

> **Zu den Kräften, die die industrielle Entwicklung in Deutschland vorantrieben, zählte auch eine neue Art privater Unternehmer, welche die gewerblichen und technischen Möglichkeiten gewinnorientiert umsetzten. Aufgeschlossen für alle Neuerungen, schreckten sie vor finanziellen Risiken nicht zurück. Viele Unternehmerpersönlichkeiten entwickelten eine selbstbewußte Pioniermentalität und fühlten sich als ›Industriekapitäne‹ über Maschinenanlagen und Arbeiterschaft.**[38]

Vogt schreibt hierzu: **Von diesem generellen Prozeß** [...] **findet sich in Lübeck wie im Roman kaum eine Spur. Industriegründungen kommen nicht vor, das Kaufmannskapital wird, wie man am Buddenbrookschen Geldvermögen ablesen kann, weiterhin in traditioneller Weise verwendet** [...]. Zwar zeigt es sich, **daß für Lübeck aus verschiedenen Gründen (Traditionsfixierung, Autonomiestreben, geopolitische Lage) all jene Faktoren fehlen bzw. nur verspätet greifen, die in anderen Gebieten [...] eine grundsätzliche Umwälzung des gesamten Wirtschaftsgefüges vorbereitet bzw. ermöglicht haben**[39], jedoch liegen die Gründe für den Rückgang der **Buddenbrookschen Geschäfte** in der Familie selbst. **Man wird** [...] **den Rückgang der Buddenbrookschen Geschäfte, wie er von der Erzählung suggeriert wird, nicht ohne weiteres aus makroökonomischen Faktoren der tatsächlichen Wirtschaftsgeschichte ableiten können.**[40]

Die Stadt Lübeck findet erst sehr spät Anschluss an die moderne Entwicklung der Wirtschaft und des Verkehrs. Die Firma Buddenbrook profitiert nicht mehr davon. Im Jahr 1872 hält Thomas Rückschau auf sein Leben, er fühlt sich **unaussprechlich müde und verdrossen** (622). Hinsichtlich des Vermögens heißt es:

> **Was das rein Geschäftliche betraf, so galt im allgemeinen sein Vermögen für stark reduziert und die Firma im Rückgange begriffen [...], und jetzt, in einer Zeit, da alles sich frisch und siegesfroh regte, da seit dem Eintritt der Stadt in den Zollverband kleine Krämergeschäfte imstande waren, sich binnen weniger Jahre zu angesehenen Großhandlungen zu entwickeln, jetzt ruhte die Firma Johann Buddenbrook, ohne irgendeinen Vorteil aus den Errungenschaften der Zeit zu ziehen [...] (610 f.)**

Innerhalb Lübecks haben sich in den Siebzigerjahren die Verhältnisse also geradezu umgekehrt. Die Stadt Lübeck hat jetzt ganz offensichtlich den Anschluss an die neue Zeit des Industrialismus nachvollzogen. Aber Thomas Buddenbrook ist innerlich so ausgebrannt und zerstört, dass er diese Entwicklung für seine Firma nicht mehr nutzbar machen kann.

Der wirtschaftlich-ökonomische Hintergrund der *Buddenbrooks* ist in neuerer Zeit eingehend untersucht worden, so z. B. von Jochen Vogt und Georg Wenzel.[41] Th. Mann selbst, der in den *Buddenbrooks* viele Details über die damaligen wirtschaftlichen und politischen Verhältnisse anführt, gerade sofern sie Lübeck betrafen (z. B. Zollverein, 39 f., Tagespolitik beim Rasieren, 357 ff.), möchte die Darstellung des soziologisch-ökonomischen Umfelds aber nur als Hintergrund zu seinem eigentlichen Anliegen gesehen wissen:

> **Das Problem, das mir auf den Nägeln brannte und mich produktiv machte, war kein politisches, sondern ein biologisches, psychologisches [...]: das Seelisch-Menschliche ging mich an; das Soziologisch-Politische nahm ich eben nur halb unbewußt mit, es kümmerte mich wenig. (SB, 48)**

7 Erzähltechnik

7.1 Einleitung, Übersicht

Bei der Untersuchung der Erzähltechnik des Romans *Buddenbrooks* sind vor allem zwei Schwerpunkte zu setzen: Zum einen ist, wie in jedem Werk der erzählenden Literatur, das Verhältnis zwischen erzählter Zeit (welche Zeitspanne wird dargestellt?) und Erzählzeit (wie viel Raum gibt der Autor der Darstellung dieser Zeitspanne?) wichtig, hierher gehört auch eine Untersuchung des Umfangs und der Art der Auslassungen, zeitlichen Raffungen oder Dehnungen sowie Veränderungen des chronologischen Ablaufs. Der andere Schwerpunkt wird in der Behandlung der Erzählperspektive zu sehen sein. Schlüsselfragen in dieser Hinsicht sind: Lässt der Autor das Geschehen unmittelbar vor uns ablaufen wie in einem Drama? Oder fügt er einen vermittelnden, vielleicht auch kommentierenden Erzähler ein, der uns die Handlung aus einer bestimmten (z. B. seiner eigenen) Perspektive erfahren lässt? – Derartige Fragen betreffen die in der Fachliteratur so genannten *Erzählsituationen.*

Darüber hinaus sind für die Interpretation des Romans *Buddenbrooks* außerdem noch speziellere Themen wie die Rolle von Ironie und Humor, die Verwendung des Leitmotivs, die Technik der Montage u. a. von Bedeutung.

7.2 Behandlung der Zeit

Bei der Wiedergabe der Romanhandlung der *Buddenbrooks* war festzustellen, dass der Autor fast durchgehend recht genaue Zeitangaben macht. Sie sind nicht immer offensichtlich und ins Auge springend, so etwa zu Anfang des Romans: [...] **getreu nach dem Katechismus, wie er soeben, Anno 1835, [...] herausgegeben war** (7), oder: **Draußen, jenseits der Straße, war schon jetzt, um die Mitte des Oktobers** [...] (11). Erst die Kombination solcher einzelner Hinweise ermöglicht eine ziemlich exakte Datierung. Ebenso am Schluss des Romans: Thomas Buddenbrook ist gestorben, Gerda verlässt das prächtige Haus in der Fischergrube und wohnt in einer kleinen Villa. **Dorthin zog die Senatorin, im Herbst des Jahres 76 [...]** (698). Im letzten Kapitel heißt es dann: **es war** [...] **im Herbst; der kleine Johann (Justus, Johann, Kaspar) lag ungefähr seit sechs Monaten [...] dort draußen am Rande des Gehölzes unter dem Sandsteinkreuz und dem Familienwappen** (755). Der Roman endet also im Herbst des Jahres 1877.

Thomas Mann gibt diese Zeitbestimmungen zum Teil unaufdringlich verdeckt. Wer genau nachrechnet, kann jedoch durch Geburtstage, Jubiläen, Nennung des Lebensalters usw. jederzeit genaue zeitliche Bezüge herstellen. Manchmal sind die Zeitangaben jedoch auch sehr direkt und präzise: **Ein Jahr und zwei Monate später, an einem schneedunstigen Januarmorgen des Jahres 1850, saßen Herr und Madame Grünlich nebst ihrem kleinen dreijährigen Töchterchen** [...] (196).

Diese Angaben erlauben eine genaue Untersuchung der Behandlung der Zeit im Roman. Wie bei der Wiedergabe der Romanhandlung bereits gezeigt wurde, umfasst die erzählte Zeit der *Buddenbrooks* die Dauer von 42 Jahren. Das ist eine sehr lange erzählte Zeit. Es stellt sich die banale Frage: Wie schafft es der Autor Thomas Mann, eine Geschichte zu erzählen, deren Ablauf sich über 42 Jahre erstreckt, ohne dass wir als Leser ebenfalls 42 Jahre zu ihrer Kenntnisnahme benötigen?

Das Problem löst sich durch die Differenz, die der Autor herstellt zwischen erzählter Zeit und Erzählzeit. Unter erzählter Zeit versteht man die Zeitspanne, in der sich ein reales oder fiktives Ereignis abspielt bzw. abgespielt hat, mit Uhr und Kalender eindeutig messbar. Die Erzählzeit ist in etwa die Zeit, die der Leser oder Hörer braucht um einen erzählerischen Text zur Kenntnis zu nehmen. Es liegt auf der Hand, dass der Autor grundsätzlich vor der Aufgabe steht eine kürzere Erzählzeit zu schaffen als es die erzählte Zeit ist (Zeitraffung). Selbstverständlich ist aber auch eine Zeitdeckung (beide Zeiten sind gleich lang) oder eine Zeitdehnung (erzählte Zeit ist kürzer als Erzählzeit) möglich, zumal für bestimmte Passagen der Erzählung. Das Verhältnis beider ›Zeiten‹ zueinander, d. h. meistens die Intensität der Zeitraffung, ergibt das so genannte *Erzähltempo.* Ihm gilt bei der Interpretation der *Buddenbrooks* unsere besondere Aufmerksamkeit.

Der Autor der *Buddenbrooks* musste die Erzählzeit gegenüber der erzählten Zeit erheblich verkürzen, um sein erzählerisches Vorhaben überhaupt realisieren zu können. Nach der Darstellung J. Vogts in seiner Schrift *Aspekte erzählender Prosa*, die auf Arbeiten Müllers und Lämmerts zurückgreift, stehen dem Autor hierbei folgende drei Arten der Zeitraffung zur Verfügung:

a) die Auslassung oder Aussparung durch einen Zeitsprung im Erzählen
b) die so genannte *sukzessive Raffung,* bei der mehrere zeitlich aufeinander folgende und für die Erzählung wichtige Ereignisse erzählt werden, während das zwischen ihnen Liegende ausgespart wird
c) die so genannte *iterativ-durative Raffung* (iterativ = wiederholend, durativ = andauernd), bei der ständig sich wiederholende oder langfristig gleichförmig ablaufende Geschehnisse nur einmal genannt werden.[42]

Die Terminologie, die zur Darstellung dieser erzähltechnischen Mittel verwandt wird, ist nicht immer ganz klar. Zum einen bedeutet hierbei Zeitraffung ganz allgemein Verminderung des Erzähltempos, zugleich soll (unter b) und c)) der Begriff Raffung aber auch besondere Arten der Zeitraffung kennzeichnen. Außerdem findet natürlich auch bei den Raffungsarten unter b) und c) eigentlich Aussparung statt, wenn auch in quantitativ geringerer Weise. Und letztlich sind in der erzählerischen Praxis Beispiele sukzessiver, iterativer und durativer Art oft kaum voneinander zu unterscheiden, da sich diese drei Begriffe in ihrer Bedeutung ja nicht gegenseitig ausschließen.

Betrachten wir den Roman *Buddenbrooks* zunächst in Hinsicht auf das Erzähltempo. Gleich zu Anfang des Romans (Text 1, S. 11–41) findet sich ein Beispiel für ein sehr niedriges Erzähltempo. Es wird deutlich, dass der Ablauf von sieben Stunden auf 30 Seiten dargestellt wird (**gegen vier Uhr nachmittags,** 11; **gegen elf Uhr,** 41).

Ähnlich, wenn auch nicht ganz so extrem, zeigt sich diese Relation im so genannten »Schulkapitel« (Text 2, S. 701–742), dort werden $5^1/_2$ Stunden erzählter Zeit auf 41 Seiten wiedergegeben (**daß es sechs Uhr war,** 701; **ungefähr halb zwölf,** 742).

Dagegen umfasst der gesamte 2. Teil des Romans (damit ist nicht seine 2. Hälfte, sondern der 2. seiner insgesamt 11 Teile gemeint) im Rahmen seiner ebenfalls nur 41 Seiten die Zeit vom April 1838 bis zum Jahre 1842 (Text 3, S. 50–90).

Die großen Unterschiede des Erzähltempos innerhalb eines Werkes lassen sich erklären, wenn man sich über die bloßen Zahlen hinaus dem Inhalt und vor allem der Darstellungsweise der einzelnen hier angeführten Textstellen zuwendet.

Text 1, die Schilderung des **ganz einfachen Mittagsbrots** (11), das die Buddenbrooks ihren Gästen servieren, zeigt neben anfangs häufig beschreibender Darstellung dann fast durchgehend die Wiedergabe eines Gesprächs. Das ist ausschlaggebend für das Erzähltempo. Bei der Wiedergabe direkter Rede muss sich der Unterschied zwischen erzählter Zeit und Erzählzeit nahezu aufheben. Die dramatische Darstellung kennt diesen Unterschied nicht, sie kann sich nur durch Zeitsprünge zwischen den Akten (seltener auch zwischen den Szenen) aus der eisernen Klammer ihrer ›Einheit der Zeit‹ befreien. Die Wiedergabe eines Gesprächs braucht grundsätzlich dieselbe Zeit wie das Gespräch selbst.

Text 2, das »Schulkapitel«, zeigt eine gänzlich andere Darstellungsform. Zwar kommt es auch hier immer wieder zu Gesprächen, aber sie stellen nicht den überwiegenden Teil des Gesamttextes dar, und wenn sie auftreten, sind sie von ganz anderem Charakter als das gelassene Plaudern beim **Mittagsbrot.** Gespräche verwandeln sich hier in der Schule zu Verhören, sie bringen Bedrohung und Gefahr, auch die Intervalle zwischen ihnen tun dies, der ganze Vormittag wird für Hanno zu einem Alptraum, der nicht enden will. Hanno kämpft gegen die Zeit, die ihn zu erdrücken scheint: Er hat sich nicht zeitig auf den Unterricht vorbereitet, ist weder zeitig zu Bett gegangen noch aufgestanden, er erreicht auch die Schule nicht rechtzeitig. Die Zeit dieses Vormittags steht geradezu still und will nicht weiterlaufen. – Das niedrige Erzähltempo dieses Kapitels resultiert eher daraus, das Erlebnis einer bestimmten psychischen Situation deutlich werden zu lassen.

Text 3: Hier lässt sich aus der Relation zwischen erzählter Zeit und Erzählzeit ein hohes Erzähltempo mathematisch berechnen. Aber wer dieses Tempo gleich zu Anfang der Textpassage feststellen will, sieht sich getäuscht. Zwei Zeitangaben (**Um neun Uhr,** 50 und **Ja, es ist zehn,** 58) machen deutlich, dass der Autor für die Darstellung dieser einen Stunde etwas über acht Seiten benötigt. Bei gleichbleibendem Erzähltempo ließen sich in den 41 Seiten des 2. Teils also nur gut fünf Stunden erzählter Zeit ›unterbringen‹ statt der tatsächlich gegebenen vier Jahre. Wie ist das zu erklären? – Man muss sich freimachen von der irrigen Annahme, dass ein einmal eingeschlagenes Erzähltempo für eine längere Textpassage, z. B. einen ganzen Erzählteil, als gleichbleibend vorausgesetzt werden kann. Tatsächlich wechselt es sehr häufig und in sehr kurzen Abständen. (Etwas Ähnliches wird bei der Erzählsituation zu beobachten sein.) Besonders häufig ist dieser Wechsel bei Textpassagen mit hohem Erzähltempo wie dieser.

Hier treten natürlich auch in verstärktem Maße die schon beschriebenen Mittel der Textraffung auf, besonders deutlich die Aussparung: **Zweieinhalb Jahre später** heißt es zu Beginn des 2. Teils (50). Oder, zu Beginn eines Kapitels: **sprach Herr Grünlich einige Tage später** (99). Oder, sogar mitten im Absatz: **Am nächsten Morgen jedoch** (71). Auch Zeitraffungen durch Darstellung von Gewohnheiten (iterative bzw. durative Raffung) sind häufig: **so ist es etwas Angenehmes, wenn beim Erwachen morgens [...] die Hand eine schwere Atlas-Steppdecke trifft, und es ist nennenswert, wenn zum Frühstück [...] Schokolade verabreicht wird, ja, jeden Tag** (59). **Sie [...] erzählte donnerstags [...] aufs anschaulichste von München** (310).

Die Technik der Zeitraffung hat nicht nur einen zeitökonomischen, sondern auch einen inhaltlichen Aspekt. Durch ständige Selektion bzw. Aussparung ist es dem Autor auch möglich, aus dem Gesamtablauf des realen oder fiktiven Geschehens die für ihn und seine Erzählabsicht wichtigen Episoden auszusuchen. Er kann Wirklichkeit damit funktionalisieren und instrumentalisieren, sie zu seinen Zwecken umstrukturieren. Christian Grawe im *Buddenbrooks-Handbuch* kommentiert dies, allerdings ein wenig vage und allgemein, folgendermaßen:

Epische Kunst ist nicht verbale Reproduktion der Realität, sondern ihre von künstlerischen Gesichtspunkten geleitete Gestaltung, Strukturierung, Verknüpfung, Verdichtung, Beleuchtung und damit Deutung und Sinngebung der Welt.[43]

Zu klären wäre noch, ob der Autor der *BUDDENBROOKS* auch hinsichtlich der Reihenfolge des Ablaufs der Geschehnisse Veränderungen vornimmt. Dies ist nicht der Fall.

Bei näherer Untersuchung ergibt sich, dass die Handlung des Romans grundsätzlich chronologisch erzählt wird. Die Zeit schreitet fort und ihrem kontinuierlichen Fortgang passt sich das Geschehen an. Rückblenden gibt es lediglich in der Form, wie sie in der Realität auch vorkommen, in Gesprächen, Erinnerungen (so etwa bei Lebrecht Krögers Erinnerungen an die Zeit der französischen Besatzung, 24 ff., bei Tonys Bericht über Permaneders Fehlverhalten, 374 ff.) oder beim Blättern in der Familienchronik (der Konsul bei der Geburt Claras, 51 ff.). Vorausschau in Form von Prolepsen sind selten und wirken nicht recht überzeugend, so etwa, wenn Tony schon im Mädchenalter zu Gerda von einer Heirat Gerdas mit einem ihrer Brüder spricht (89), wenn Gerda als **die Mutter zukünftiger Buddenbrooks** präsentiert wird, dazu noch höchst pointiert am Kapitelende (303), oder wenn Hanno einen Schlussstrich unter die Familienchronik zieht, weil er meint, **es käme nichts mehr** (524).

7.3 Erzähltechnik: Erzähler, Erzählsituation

Seit Jahrzehnten wird in der Literaturwissenschaft das Phänomen des *Erzählers* erörtert. Kernpunkt des Problems ist die Frage: Gibt es außer dem Autor, also dem Schriftsteller als realer Person einerseits und dem fiktiven Geschehen des Romans andererseits, noch die Existenz eines *Erzählers,* der quasi zwischen Autor und Romanhandlung steht, als eine vom Autor geschaffene Gestalt, sei es als kommentierender Vermittler, sei es mithandelnd oder nur als Medium, aus dessen Perspektive wir die Romanhandlung wahrnehmen?

Ausgehend vom französischen Naturalismus, vor allem von Flaubert, entsteht die Forderung nach der ›Teilnahmslosigkeit‹ (impassibilité) des Autors gegenüber seinen Figuren, nach seinem Rückzug, er soll **schaffen und schweigen**[44], die Geschichte soll sich gleichsam selbst erzählen. Hierzu schreibt Dieter Borchmeyer: **Der ›konsequente‹ N.** [= Naturalismus] **zielt auf die Unmittelbarkeit, sucht das Geschehen mit den Augen der dargestellten Person selbst zu sehen. Dem steht ein ›vermittelnder‹ auktorialer Erzähler im Wege.** Borchmeyer sieht die Nähe zum Drama und referiert Arno Holz: **Im Drama ist der Subjektivitätsfaktor fast gleich null, während der epische ›Erzähler‹ ein nie zu liquidierender Subtrahend vom Minuen-**

den Natur bleibt.[45] – Es gibt hiernach also im Epischen einen Erzähler, sollte ihn aber nicht geben, je weniger er in Erscheinung tritt, desto besser. In diese Richtung gehen in der deutschen Literaturtheorie auch die Ansichten Friedrich Spielhagens und Käte Hamburgers. Als Ausnahme will K. Hamburger allerdings den vom Autor geschaffenen **Erzähler der Ich-Erzählung** gelten lassen.[46]

Die Gegenposition hierzu wird u. a. von Käte Friedmann vertreten, die darauf hinweist, dass die Existenz eines Erzählers ein unverzichtbares und geradezu essenzielles Gattungsmerkmal der epischen Literatur sei.

In Franz Stanzels Annahme von drei so genannten Erzählsituationen ist eine gewisse Weiterentwicklung hinsichtlich des Erzählerphänomens zu sehen.[47] Stanzel beschreibt diese drei Erzählsituationen folgendermaßen:

1) *auktoriale Erzählsituation* (entspricht dem Er/Sie-Roman). Ein vom Autor zu unterscheidender **auktorialer Erzähler** tritt auf. Er ist eine eigenständige, vom Autor geschaffene Gestalt, die als Medium der erzählten Geschehnisse fungiert, die in der Vergangenheit liegen. 2) *Ich-Erzählsituation.* Der Erzähler gehört im Gegensatz zum redigierenden auktorialen Erzähler **zur Welt der Romancharaktere. Er selbst hat das Geschehen erlebt, miterlebt oder beobachtet, oder unmittelbar von den eigentlichen Akteuren des Geschehens in Erfahrung gebracht.**[48] 3) *personale Erzählsituation* (entspricht dem Es-Roman). **Verzichtet der Erzähler auf seine Einmengungen in die Erzählung, tritt er so weit hinter den Charakteren des Romans zurück, daß seine Anwesenheit dem Leser nicht mehr bewußt wird, dann öffnet sich dem Leser die Illusion, er befände sich selbst auf dem Schauplatz des Geschehens oder er betrachte die Welt mit den Augen einer Romanfigur, die jedoch nicht erzählt, sondern in deren Bewußtsein sich das Geschehen gleichsam spiegelt.**[49] Der Leser hat bei der personalen Erzählsituation die Illusion unmittelbar teilzuhaben, ähnlich wie dies beim Anschauen eines Films oder illusionär angelegten Theaterstücks der Fall ist. Die personale Erzählsituation hat dramatischen, die auktoriale Erzählsituation eher epischen Charakter. (Entsprechend steht die Ich-Erzählsituation der lyrischen Gattung nahe.)

Den drei Erzählsituationen entsprechen nach Stanzel drei Romantypen, die er als den auktorialen Roman, den Ich-Roman und den personalen Roman benennt. Diese drei Romantypen sind in ihrer Definition weit genug gefasst, um auch Abwandlungen berücksichtigen zu können. So kann nach Stanzel beispielsweise das **Ausmaß der Selbstkundgabe eines auktorialen Erzählers** von Roman zu Roman so verschieden sein, dass ein Werk wie *Madame Bovary* **eigentlich schon zum Typus des personalen Romans** gehört.[50]

Es stellt sich die Frage, ob und inwieweit dieses Gefüge der drei Romantypen mit ihren Abwandlungsmöglichkeiten ein System darstellt, das es ermöglicht, jeden beliebigen Roman einem bzw. einer der drei Romantypen, Erzählertypen bzw. Erzählsituationen zuzuordnen.

Jochen Vogt untersucht in seiner Schrift *Aspekte erzählender Prosa* den Anfang des Romans *Buddenbrooks*, indem er ihn an den Charakteristika der personalen Erzählsituation misst, und stellt fest, dass

> **die Kategorie der Erzählsituation [...] mindestens in diesem Fall, vermutlich aber auch sonst nicht zur Charakterisierung des gesamten Werks oder auch nur eines größeren Abschnitts, sondern lediglich zur Klassifizierung kleinerer Erzähleinheiten dienen kann.**[51]

Er wiederholt und bekräftigt diese Erkenntnis wenig später mit der

> **Mahnung, die ›typischen Erzählsituationen‹ nicht als durchgängige und starre Muster, sondern als leicht veränderbare, kombinierbare und sich ergänzende Einstellungen einer insgesamt flexiblen Erzähloptik zu verstehen**[52],

und resümiert schließlich:

> **Mehrfach wurde die instrumentelle Brauchbarkeit von Stanzels Beschreibungsmerkmalen anerkannt, die theoretisch-systematische Grundlegung aber bemängelt.**[53]

Demnach ist es wenig sinnvoll, einen Roman als Ganzes daraufhin zu untersuchen, welchem Romantyp er eventuell entsprechen könnte. Vielmehr bietet sich die Analyse längerer Textstellen daraufhin an, ob und in welcher Art im Verlauf der Romanhandlung eine bestimmte Erzählsituation festzustellen ist und wie lange sie Bestand hat.

So lässt sich etwa im Eingangskapitel der *Buddenbrooks* anfangs eine personale Erzählsituation scheinbar eindeutig feststellen (7 ff.). Die Familienmitglieder unterhalten sich, daneben wird eine objektiv erscheinende Beschreibung gegeben; ein kommentierender auktorialer Erzähler jedenfalls drängt sich nicht auf und ein Ich-Erzähler, der alles aus seiner Perspektive berichtet, ist schon gar nicht vorhanden. Vogt weist nach, dass dieser Eindruck (auktorialer Erzähler fehlt) täuscht.[54] Wir bleiben aber zunächst bei der gegebenen vordergründigen Betrachtung um diesen Textteil dem Anfang des 1. Kapitels im 7. Teil (S. 395–397) gegenüberzustellen, in dem die Feierlichkeiten anlässlich der Taufe Hannos geschildert werden: **Taufe! ... Taufe in der Breiten Straße!**, heißt es dort (395). Und wenig weiter: **... ein Erbe! Ein Buddenbrook! Begreift man, was das bedeutet?** (396). Und noch etwas weiter, über Gerda: **Wie bleich sie noch ist!** (397)

Wer ruft und fragt hier, wenn nicht der ›Erzähler‹? Er tritt zwar nicht als handelnde Person des Romans in Erscheinung, ist aber dennoch anwesend, wirkt emotional beteiligt, macht sich deutlich bemerkbar. – Zwischen seinen Auftritten allerdings zieht er sich wieder zurück und seine Fragen und

Ausrufe machen einfacher Beschreibung Platz: **Er ist zu Wagen gekommen und, gestützt auf seinen Krücken und den Arm Thomas Buddenbrooks, die Treppe hinaufgestiegen** (395). Unmittelbar daran anschließend heißt es dann jedoch wieder: **Seine Anwesenheit erhöht die Feier … und ohne Zweifel: Diese Feier ist aller Würde würdig!** Wer urteilt bzw. wertet hier? Natürlich lässt sich neben der Annahme des ›Erzählers‹ auch die These vertreten, in diesen Formulierungen kristallisiere sich sozusagen das allgemeine Bewusstsein, hier werde als Frage, als Wertung oder als Feststellung allgemein gesagt, was die einzelnen Teilnehmer der Feier empfinden, das Ganze sei nur eine besondere Form der Darstellung, die der Bündelung zum Zweck der Veranschaulichung diene. Der alte Streit um das Thema: *Gibt es einen Erzähler oder ist das, was wir als solchen wahrnehmen, nur das Ergebnis einer bestimmten Erzählfunktion*, lebt hiermit wieder auf und kann an dieser Textstelle festgemacht und diskutiert werden.

Der Erzähler, wenn man denn seine Existenz akzeptiert, kann aber auch in weniger deutlichen Formen erscheinen, fast nicht wahrnehmbar, aber doch wiederum mit eigenständigem Urteil und eigenem Beitrag, und zwar in den so genannten Beiwörtern. **Die *gehässige* Verachtung, die Thomas auf seinem Bruder ruhen ließ** (314), **Permaneders *treuherziges* Blinzeln** (324) oder etwa, in mehr als einem Wort, die Charakterisierung Mortens: **Morten war ein unterhaltender Begleiter, wiewohl seine Meinungen ein wenig hitzig und absprechend waren** (133) sind Beispiele hierfür. Von einer völligen impassibilité, also Teilnahmslosigkeit, des Autors gegenüber seinen Romanpersonen zeugen sie jedenfalls nicht.

Wie beim Erzähltempo, so ist auch bei der Erzählsituation zu beobachten, dass sie ständig wechselt. So ist z. B. die Häufigkeit und Intensität, mit der ein Erzähler hervor- und zurücktritt, außerordentlich groß. Diese Bewegungen sollten in Einzeluntersuchungen festgestellt und analysiert werden; hierdurch wird eine typische Eigenschaft der erzählenden Gattung erkannt und bestimmt.

7.4 Ironie, Humor

Ironie wird allgemein verstanden als ein stilistisches Mittel, mit dem spöttisch das Gegenteil vom Gemeinten gesagt wird, wobei man beim Zuhörer voraussetzt, dass er diese Umkehrung auch versteht. Als literaturwissenschaftlicher Terminus ist aus der Ironie ein wesentlich differenzierterer Begriff geworden; dies geht so weit, dass mehrere Arten von Ironie unterschieden werden.

Thomas Manns besondere Auffassung von der Ironie wurde schon bei der Besprechung der Philosophie Schopenhauers deutlich. Wenn die Philosophie ein Prinzip zugunsten des anderen verneint, sieht Thomas Mann die Kunst geradezu entgegengesetzt hierzu als **Vermittler** der verschiedenen **Welten** an. THOMAS MANN übernimmt zwar die schopenhauersche Polarität von Willen und Intellekt und drückt sie aus als Gegenüberstellung von Leben und Geist. Aber diese Polarität wird eigentlich nur übernommen um durch die Kunst wieder aufgehoben zu werden. Die Gegenüberstellung von Leben und Geist ist ein Thema, das THOMAS MANN häufig variiert. Eine Variation ist die Gegenüberstellung zweier Menschentypen: des fest im Leben stehenden, wenig reflektierenden, wirklichkeitsverbundenen und -bejahenden Menschen des Handelns einerseits und des reflektierenden, zögernden philosophisch-künstlerischen Menschen andererseits. Beide gehören ganz verschiedenen Reichen an. Aber beide entwickeln eine sehnsüchtige Zuneigung zum anderen Bereich. Diese Sehnsucht nach dem Anderen sieht THOMAS MANN als Ironie an; entsprechend hat für ihn die Ironie im Allgemeinen weniger spöttisch-abweisenden als vielmehr erotisch-verbindenden Charakter. Besonders bekannt ist als Ausprägung der Liebe des Geistes zum Leben Tonio Kröger in seiner Liebe zu Hans Hansen und Inge Holm. Umgekehrt zeigt in *TONIO KRÖGER* der junge Kaufmann auf dem nächtlichen Schiff auch Hingezogenheit zum Reich der Kunst, wobei er sich allerdings recht lächerlich aufführt (TK, 54 ff.). Ähnlich sehnsüchtige Neigungen zwischen dem Leben und seinem Gegenpol findet man auch in den *BUDDENBROOKS*. Von Thomas Buddenbrook heißt es auch nach seinem Schopenhauer-Erlebnis, dass er **mit einer [...] schmerzlich süßen, drängenden und sehnsüchtigen Liebe das Leben liebte [...]** (659). Und dies im Augenblick der rauschhaften Bejahung des Todes! Umgekehrt fühlt sich Tony, die so fest im Leben steht, mit ebenso tiefem Gefühl zum Reich der Kunst hingezogen:

> **›Erhaben!‹ sagte Tony, die weit zurückgebeugt in ihrem Lehnsessel saß ... ›O Gott, wie finde ich es erhaben!‹ Und ernst, langsam und gewichtig, mit aufwärts gerichteten Augen fuhr sie fort, ihre lebhaften und aufrichtigen Empfindungen auszudrücken [...] ›Nein, wißt ihr, wie es im Leben so geht [...] nicht jedem wird ja immer eine solche Gabe zuteil! Mir hat der Himmel dergleichen versagt, wißt ihr, obgleich ich ihn in mancher Nacht darum angefleht.‹ (296)**

Die Liebe zum anderen Bereich bleibt in der frühen Dichtung THOMAS MANNS noch unerfüllt, im Falle der Sehnsucht des Lebens nach dem Geist und der Kunst wirkt sie sogar lächerlich. Tonio Kröger erlebt das **Leben** noch, **wie es als ewiger Gegensatz dem Geiste und der Kunst gegenübersteht** (TK, 38). In den späteren Werken wird die Spannung zwischen beiden Polen immer schwächer, es kommt zu einem Ausgleich und schließlich zu gegenseitiger Anerkennung. Dieses Stadium ist bei Abfassung der *BUDDENBROOKS* noch nicht erreicht. – Ironie in dieser Form bezieht sich mehr auf den gedanklichen Hintergrund des Romans als auf seine sprachliche Form.

Ironie findet sich in den *Buddenbrooks* aber auch im stilistischen Bereich. Hier äußert sie sich vor allem als eine **Unangemessenheit** der Darstellung. So wird pathetisch Empfundenes oft ganz unpathetisch geschildert. Diese bewusst unangemessene Darstellungsweise kommt durch den Abstand zustande, den der Erzähler (bzw. der Autor) von seinen Romanfiguren nimmt. Hierauf wurde bereits bei der Besprechung der Stellung des Erzählers hingewiesen. Ein allwissender Erzähler, der Ablauf und Ende der Geschichte kennt, wird in Kontrast gesetzt zu den in der Handlung und in ihrer individuellen Sphäre beschränkten und befangenen Einzelpersonen der Handlung. Durch ihre Wichtignahme der eigenen Person und ihre notwendige Orientierungslosigkeit wirken sie – im Kontrast zum Gesamten – komisch, obwohl ihre Einzelschicksale tragisch sein können. Auf diese Wirkung der Ironie hat Reinhard Baumgart hingewiesen: **Diese zweideutige Optik, der Erschütterndes belachenswert scheint, Erhabenes sich mit Komik durchsetzt, die Bedeutendes in kleinlichem Beiwerk erstickt, setzt ein echt ironisches Oberbewußtsein voraus, in dem tragische Perspektive und komisches Detail sich vermitteln. Man denke etwa an die komischen Episoden, die in den *Buddenbrooks* um den Tod des Konsuls und der Konsulin kontrastreich gruppiert sind.**[55] Gute Beispiele geben auch viele Episoden aus dem Leben Tonys ab, die eigentlich tragisch sind (zweimaliges Scheitern der Ehe, Tod des zweiten Kindes, die Verhaftung des Schwiegersohnes), aber durchaus komisch wirken. Ähnliches ist auch bei der Schilderung Christians zu beobachten.

Die Darstellung gerät damit in die Nähe des Humors. Ironische und humoristische Schreibweise gehen eigentlich ineinander über. Hierauf hat besonders H. Koopmann hingewiesen:

> **Theoretische Definitionen oder größere Analysen von seiten Thomas Manns zu Humor und Ironie gibt es nicht. Thomas Mann hat in wenigen mehr oder weniger zufällig gemachten Äußerungen auch nicht Humor und Ironie gegeneinander scharf abgegrenzt, sondern sie mit fließenden Übergängen bestimmt.**[56]

Als Beleg und Beispiel hierfür könnte man Th. Manns Beitrag in einer Rundfunkdiskussion anführen, die am 15. 9. 1953 in Zürich stattfand und auf der sich der Autor zu diesem Thema folgendermaßen äußerte:

> **Ich glaube nicht, daß man in meinem Jugendwerk, das ja gewissermaßen grundlegend ist für alles, was folgte, den *Buddenbrooks*, vorwiegend Ironie finden wird. Es ist doch vielmehr ein Buch pessimistischen Humors [...].**[57]

Es finden sich in den *Buddenbrooks* auch Passagen, die als Groteske, Sarkasmus oder Satire zu bezeichnen sind, so etwa Groteske in der Beschreibung des Weihnachtsfestes bei Sesemi Weichbrodt (547 ff.), Sarkasmus in der Schilderung des Schulalltags, wie Hanno ihn erlebt (700 ff.), und Satire bei der Darstellung der Geistlichen, z. B. Tränentrieschke (282) oder Pringsheim (590).

7.5 Leitmotiv

Eine weitere Besonderheit der Schreibweise THOMAS MANNS liegt in der bewussten Anwendung von Wiederholungen, teils sprachlicher, teils inhaltlicher Art.

Ein Beispiel hierfür ist die häufige Erwähnung einer eigentlich so unbedeutenden Nebenperson des Romans wie Frau Stuht. Sie ist Gattin eines Schneidermeisters, die **alte Kleidungsstücke kaufte und darum in den ersten Kreisen verkehrte** (67). Frau Stuht taucht immer wieder im Roman auf, und der Autor wird nicht müde bei jeder Gelegenheit darauf hinzuweisen, dass Frau Stuht **dieselbe** ist, **die in den ersten Kreisen verkehrte** (83, auch 162, 313, 407). Ähnliches ist bei den **alten Damen Gerhardt** festzustellen, zwei Schwestern, die behaupten, von Paul Gerhardt abzustammen (279, 445, 562). Auch diese Behauptung wird stereotyp wiederholt. Versucht man diese Erscheinungen zu werten, so kann man ihnen wohl nicht viel mehr als den Rang eines grotesken Schnörkels, einer liebenswürdigen Spielerei beimessen. Sie haben fast den Charakter des schmückenden Beiwortes und wirken komisch, weil sich die Personen selbst (durch ihre etwas anmaßenden, zweifelhaften Behauptungen) hierzu verholfen haben. – THOMAS MANN wendet dasselbe Prinzip aber auch in einer Weise an, der für die Handlung des Romans wesentlich größere Bedeutung zugemessen werden muss. So werden, wie bereits ausgeführt, schon früh Thomas Buddenbrooks schlechte Zähne erwähnt (16), dieser Hinweis wiederholt sich (75), seine schlechten Zähne sind dann der Anlass zu seinem gesundheitlichen Zusammenbruch und Tod. Gerda dagegen hat **breite, weiße Zähne** (88, 297), ebenso Christians Liebschaft, Aline Puvogel (405), obwohl sie als eine so gänzlich andere Frau als Gerda geschildert wird, jedenfalls in ihrem sozialen Status. **Schöne Zähne** (153) hat auch Morten Schwarzkopf. Hanno wiederum ist ständiger Gast beim Zahnarzt Dr. Brecht. Seine Zähne **hatten von jeher die Ursache von mancherlei schmerzhaften Störungen und Beschwerden ausgemacht** (512, auch 423, 744).

Offenbar sind solche schlechten Zähne als ein Zeichen für mangelnde Vitalität anzusehen, während umgekehrt gute Zähne symbolisch für ausgeprägte Lebenskraft stehen. Dies wird bei der Bewunderung, die Christian für seine **gesunde** Aline zeigt, besonders deutlich. Bei Gerda ist die Deutung dieses Phänomens schwieriger, weil es gekoppelt ist mit einem weiteren, ständig wiederholten Charakteristikum: den bläulichen Schatten ihrer

Augen, die auch bei Hanno schon sehr früh zu beobachten sind (bei Gerda 291, 343, 747; bei Hanno 396, 423, 461, 484, 546, 588, 620, 627). Diese **bläulichen Schatten** fungieren als Symbol für eine künstlerische Existenzform und stehen damit eigentlich im Gegensatz zur Zugehörigkeit zum Leben und zur Welt des schopenhauerschen **Willens.** In Gerda verbindet sich beides auf rätselhafte Weise. In Hanno dagegen gehen die mangelnde Vitalität des Vaters (schlechte Zähne) und die künstlerische Empfindsamkeit der Mutter (Augenschatten) eine Verbindung ein, in der sich die lebensverneinenden Komponenten gegenseitig verstärken. Dabei bedeuten die mangelhaften Zähne einfach negativ ein Fehlen an Vitalität, während die **bläulichen Schatten** auch positiv ein Vorhandensein an künstlerisch-kritischer und ablehnender Haltung gegenüber dem Leben und Willen darstellen.

Merkwürdig ist die häufige Wiederholung dieser symbolhaften Eigenschaften. Es wurde schon darauf hingewiesen, dass diese Wiederholungen den Charakter des schmückenden Beiwortes annehmen können (typisierendes Epitheton, wie z. B. der listenreiche Odysseus, die schöne Kriemhild). Die Erwähnung der Zähne bei den Hauptpersonen geht allerdings hierüber hinaus. Das Epitheton wird zum Symbol und dies wiederum, durch seine häufige Anwendung, zum Motiv.

Durch die Technik des ständig wiederholten Epithetons bzw. Symbols, das zum Leitmotiv wird, stellt THOMAS MANN Beziehungen zwischen weit auseinander liegenden Textpassagen her. Hannos Ekel vor dem **Leben** (in Form der Schule etwa), seine Flucht in die Musik – man weiß schon von der Beschreibung Gerdas her, dass dieser Empfindenskomplex mit der Erwähnung der **bläulichen Schatten** gekennzeichnet wird. Zu dieser besonderen Charaktereigenschaft (Zurückweichen, Flucht) und ihrer Erfahrung gehört die Erwähnung der **bläulichen Schatten** allmählich zwangsläufig, man erwartet sie schließlich geradezu und der Autor braucht letzten Endes nur noch das Motiv dieser umschatteten Augen anklingen zu lassen, um im Leser das Bewusstsein dafür wachzurufen, dass hier wiederum von Hannos Zugehörigkeit zum Reich der Kunst die Rede ist. Diese Technik, mit einem anklingenden Motiv die Aufmerksamkeit des Lesers zu wecken und in eine bestimmte Richtung zu lenken, hat THOMAS MANN von Richard Wagner übernommen, den er mehrfach als sein künstlerisches Vorbild bezeichnet. In den *BUDDENBROOKS* ist die wagnersche Technik des Leitmotivs jedoch noch nicht voll entwickelt. Das Leitmotiv besteht hier vor allem noch in der wiederholten Erwähnung bestimmter äußerlicher Züge der Romanfiguren. Dies ändert sich in den späteren Werken THOMAS MANNS. Der Autor weist in seinem **Lebensabriß** hierauf hin. Bei der Besprechung der Novelle *TONIO KRÖGER* heißt es: **Vor allem war darin das sprachliche ›Leitmotiv‹ nicht mehr, wie noch in *BUDDENBROOKS*, bloß physiognomisch-naturali-**

stisch gehandhabt, sondern hatte eine ideelle Gefühlstransparenz gewonnen, die es entmechanisierte und ins Musikalische hob – (E 3, 194 f.). Die **musikalische** Verwendung des Leitmotivs wie bei Wagner ist also nach Meinung THOMAS MANNS erst in späteren Werken ausgeprägt.

Das Leitmotiv kann durch Assoziation Zugehörigkeiten ausdrücken, es kann auch Bezüge schaffen, die zeitlich weit auseinander liegende Geschehnisse verbinden. So macht Tony noch nach Jahren deutlich, was Morten Schwarzkopf für sie bedeutet hat, indem sie seine Worte fast wörtlich wiederholt: **Diese *Städtischen Anzeigen* sind ein klägliches Blättchen** [...] (126 und 617). **Und dieser frische Honig** [...] **Das ist reines Naturprodukt** (120, 291 und 451).

Das Leitmotiv mit seinen ständigen Wiederholungen bildet einen Kontrast zu den vielen Zeitangaben, die im Roman vorkommen. Während die Zeitangaben den Ablauf der Zeit bewusst machen, hebt das Leitmotiv die Zeit auf bzw. bringt sie zum Stillstand.

7.6 Montage

Der Begriff Montage bezeichnet das Zusammenbringen unterschiedlicher, eigentlich nicht zueinander passender Textsorten. So kann in die fiktive Romanhandlung dokumentarisches Material ein-›montiert‹ werden: Fahrpläne, Zeitungsartikel, amtliche Verlautbarungen, Briefe, Tagebuchnotizen, Parteipropaganda – authentische Texte der gelebten Realität also. Dies kann, wie Christian Grawe im *BUDDENBROOKS-HANDBUCH* schreibt, auf zweierlei Weise, mit zweierlei Absicht und Wirkung geschehen: Entweder bemüht der Autor sich, die beiden Textarten (fiktive Romanhandlung – dokumentarische Wirklichkeit) so zu montieren, dass sie **unvermittelt nebeneinander stehen**[-bleiben], **um den Eindruck einer disparaten, aber gerade dadurch dokumentarisch-wirklichkeitsgetreuen und polyperspektivischen Welt zu vermitteln.**[58] Dichtung soll hierdurch möglichst die Wirkung des Dokumentarischen erzielen. – Oder der Autor verschmilzt beide Ebenen miteinander, lässt dokumentarisches Textmaterial zwar einfließen in die fiktive Handlung der Erzählung, ordnet es ihr aber unter, das Dokument wird damit zum Bestandteil der Dichtung. – Die erste Methode schafft Kontrast, verhindert Illusionierung, bringt den Leser zur Reflexion, die zweite lässt die Erzählung glatter, flüssiger verlaufen, bereichert sie in der Weise, dass sie wahrscheinlicher wirkt, schafft Illusionierung.

TH. MANN bedient sich in den *BUDDENBROOKS* des zweiten Weges. So nimmt er beispielsweise Kochrezepte (29), Eintragungen in die Familienchronik (51 f.), Familienstammbäume (55), Briefe (169, 172, 175, 286, 306) in seine Romanhandlung auf und ordnet sie ihr unter. Er montiert zwar, aber kaschiert dann anschließend diesen Vorgang. Das auffälligste Beispiel ist das so genannte Typhus-Kapitel (751 ff.), in dem der Tod Hannos ganz unpersönlich und nur indirekt geschildert wird. Diese Darstellung der Erkrankung und des Todes Hannos ist eigentlich nichts weiter als die Ab- bzw. Umschrift eines Lexikonartikels[59] und damit Beispiel einer besonders gewagten – und gelungenen Montage, wird damit doch eine sehr behutsame, schonende Darstellung des Todes gegeben, den Hanno, dieser so zerbrechliche und liebenswerte Held des Romans, erleiden muss. Ganz anders stellt TH. MANN den Tod des Knaben Echo im *DOKTOR FAUSTUS* dar.

8 Sprache

Thomas Manns Sprache ist geprägt durch die Distanz der Ironie, die der Autor zu den dargestellten Gegenständen hält. Hierdurch wirkt seine Ausdrucksweise im Allgemeinen klar, sachlich, nüchtern und präzise. Es wurde bereits dargestellt, dass die Ironie einerseits zur Satire und zum Sarkasmus, andererseits aber auch zur Komik und Groteske neigen kann. Entsprechend zeigt die Sprache entweder größere Kälte und Geschliffenheit oder komische Kontraste, überraschende Wendungen, ausladende Beschreibungen.

Auffallend ist die Präzision der Beschreibung. Gleich im Anfangskapitel ist die Darstellung der Gesichter, Kleider und des Interieurs so nuancenreich und anschaulich, dass man an die seitenlangen Regieanweisungen naturalistischer Dramatiker erinnert wird (Shaw, Ibsen, Hauptmann). Soll hier – nach naturalistischer Absicht – der Mensch als Produkt seiner Umwelt gedeutet werden? Man hat eher den Eindruck, dass gerade umgekehrt die so genau gezeichneten Einzelheiten ein Ausdruck der Persönlichkeit der dargestellten Personen sein sollen. Durch die Beschreibung ihres Aussehens und der selbst gewählten oder geschaffenen Umgebung wird die entsprechende Romanfigur indirekt charakterisiert.

Die Sachlichkeit und Präzision der Beschreibung lässt kaum Stilmittel wie Metaphern oder Vergleiche zu. Die Distanz des Autors zum Dargestellten ist aber nicht immer gleich groß. Es gibt Szenen, in denen er – um der Abwechslung willen oder aus tatsächlicher innerer Beteiligung – doch eine andere Sprache wählt. So etwa bei der Einleitung zu Tonys und Mortens heimlicher Verlobung, die die einzige Liebesszene im ganzen Roman ist: **Sie gingen durch den Kurgarten, der stumm […] dalag. […] Der Musiktempel, zwischen Nadelbäumen versteckt, stand schweigend dem Kurhaus […] gegenüber. […] Tony stieg behutsam durch das hohe, scharfe Schilfgras, das am Rande des nackten Strandes stand** (127 f.). Diese metaphorische, indirekte Darstellungsweise wirkt recht behutsam; man hat fast den Eindruck, als wolle der Autor den Liebenden sprachlich ein wenig Schutz geben gegen den direkten Einblick der Umwelt.

Metaphern treten aber auch auf, wo der Erzähler sich (im Präsens) unmittelbar an den Leser wendet, z. B. bei der Darstellung der Spannung, die vor der Wahl des neuen Senators herrscht: **Meinungen platzen aufeinander, poltern vor Überzeugung, prüfen einander und verständigen sich langsam. […] Ehrgeiz und Eitelkeit wühlen im stillen. Eingesargte Hoffnungen regen sich, stehen auf […]**(408).

Andere Passagen mit vielen Metaphern, zum Teil auch mit Vergleichen, finden sich bei der Darstellung der Wirkung, die die Philosophie Schopenhauers auf Thomas Buddenbrook ausübt, und der Ekstase, in die Hanno bei seinem Klavierspiel gerät. Bei Thomas: **Blinde, unbedachte, bedauerliche Eruption des drängenden Willens, wie im Rausche emporgehoben von einem Glück, wie eine keimende Liebe** (657); bei Hanno: **Es kam, gleichwie wenn ein Vorhang zerrisse, Tore aufsprängen, Dornenhecken sich erschlössen, zu einem Wohlklang, der** [...] **hinübersank, eine zügellose Orgie ebendieser Figur, die in allen Klangschattierungen prahlte, sich durch alle Oktaven ergoß, aufweinte, im Tremolando verzitterte, sang, jubelte, schluchzte** [...] (750).

Gemeinsam ist diesen Metaphern, dass sie Ausdruck von Emotionen sind, von Liebe, Spannung, rauschhafter Hingabe. Derartige Erfahrungen entziehen sich direkter und rationaler Darstellung, sie sind nur im sprachlichen Bild angemessen fassbar. Diese Passagen verringern den ironischen Abstand, sie heben ihn geradezu auf.

Fehlt dieser inhaltliche Anlass, so treten Metaphern nur selten auf; sie wirken dann zwar anschaulich, aber doch konventionell, sie haben deswegen geringere Aussagekraft. So findet Tony Herrn Grünlich **eingenistet** im Landschaftszimmer bei ihrer Mutter; mit dem Tode Johann Buddenbrooks war das gesellschaftliche Leben in der Mengstraße **erloschen** (304); ein Gespräch **strandet** an dem Prozess Weinschenks (550), Erika Grünlich ist mit 20 Jahren ein **erblühtes** Mädchen (438) usw.

Neben der Beschreibung machen Gespräche einen großen Teil des Romans aus. Der Autor benutzt in diesen Gesprächen die Sprache der einzelnen Personen zu ihrer Charakterisierung, so wie dies schon bei der Darstellung der Umgebung, Kleidung, Bewegung der einzelnen Romanfiguren festzustellen war. Hierbei breitet THOMAS MANN eine ungemein reiche Palette vor dem Leser aus. Die auftretenden Personen unterscheiden sich in ihrer Sprache auffallend voneinander, und zwar aufgrund verschiedener Kriterien: z. B. der sozialen Stellung, des Lebensalters, der (geografischen) Herkunft, eventueller Adressatenbezogenheit, der Zugehörigkeit zu unterschiedlichen Epochen oder wegen ganz persönlicher Eigenarten.

Die Angehörigen niedriger Stände kommen nicht häufig zu Wort. Wo sie auftreten (z. B. vor dem Rathaus anlässlich der Wahl, 414 f., bei der **Revolutschon,** 190 f., Grobleben und andere Arbeiter bei Ansprachen vor der Familie Buddenbrook, 401, 488), äußern sie sich geradeheraus, oft in unvollständigen Sätzen und vor allem auf Plattdeutsch. Dieses Plattdeutsch wird allerdings gelegentlich, in Anpassung an sozial Höherstehende, leicht mit Hochdeutsch vermischt (401).

Plattdeutsch (oder Niederdeutsch), als das eigentliche Idiom Norddeutschlands, wurde ursprünglich von allen Lübeckern gesprochen, auch von den Patriziern der Stadt. Dies wird beim alten Johann Buddenbrook deutlich, der gleich zu Beginn des Romans mit **Je, den Düwel ook** zu Wort kommt (7). Allerdings fährt er französisch fort: **c'est la question, ma très chère demoiselle!** Das Niederdeutsche ist die Sprache seiner Heimatstadt, das Französische die Lingua franca der höheren Gesellschaft Europas. Der alte Johann Buddenbrook vereinigt beide Welten. Zwar spricht er für gewöhnlich Hochdeutsch, wie es allmählich alle anderen seines Standes tun, aber wenn er aufgebracht ist, kann es vorkommen, dass **der alte Herr fast nur französisch und plattdeutsch** (12) spricht, eine Mischung aus der ihm angeborenen und der ihm anerzogenen Sprache.

Das Niederdeutsche hinterlässt seine Spuren im Hochdeutschen, das die Lübecker Patrizier sprechen: das Wort **immer** wird wie **ümmer** (9) ausgesprochen, aus **Achtung** wird **Achung** (28), aus **Konflikt Kongflick** (40), aus **entzückend inzückend** (131), aus **furchtbar forchtbar** (131) – hierauf weist THOMAS MANN immer ausdrücklich hin. Diese Sprachfärbung gibt auch der Welt der Patrizier in dieser überschaubaren kleinen Handelsstadt etwas Bodenständiges, organisch Gewachsenes, Solides. Besonders deutlich wird dies, wenn man es mit dem glatten Sprechen des cleveren Hamburger Geschäftsmannes Grünlich vergleicht, der aus einer vollkommen anderen, modernen Sphäre kommt und dem die Tradition und Solidität, aber auch die Naivität der Lübecker fehlt. Er spricht ein einwandfreies Hochdeutsch, allerdings mit lächerlich wirkenden Stilblüten.

All diese Bewertungen erweisen sich jedoch als relativ. Der Konsul Buddenbrook, obwohl Lübecker, bedient sich schon einer sehr mundartfreien und gewandten Sprech- und vor allem Schreibweise. Sie ist geprägt durch den Stil der damaligen Geschäftsbriefe und der etwas süßlichen Ausdrucksweise des von ihm angenommenen Pietismus, die zu einem merkwürdigen Mischstil führen (51). Und als Permaneder in Lübeck auftritt, zeigt sich, wie weit entfernt, bei aller mundartlichen Färbung, die Sprache der Lübecker von der des Münchners doch ist.

Thomas Buddenbrook weiß sich auf sehr weltmännische, korrekte, gewandte und der Situation angepasste Art auszudrücken. Allerdings kann er sich, wenn es die Situation erfordert, durchaus noch auf Plattdeutsch äußern. Wie in seinem Wesen, so ist er auch in seiner Sprache sehr differenziert. Er beherrscht gleichsam mehrere Rollen.

Die Sprache der Angehörigen höherer Stände entwickelt und verändert sich, die Arbeiter, das ›Volk‹, sprechen unverändert Platt. Eine schmale Zwischenschicht stellen so unterschiedliche Personen wie Lotsenkommandeur Schwarzkopf, die Lehrer oder etwa Hugo Weinschenk dar, die zum Teil eine recht persönlich gefärbte Sprache sprechen.

Reiches Kapital schlägt THOMAS MANN aus der unterschiedlichen (geografischen) Herkunft seiner Romanfiguren, vor allem der Nebenfiguren. Dies drückt sich im Nebeneinander verschiedener Dialekte aus und führt zu komischen Kontrastwirkungen. Man hat beinahe das Gefühl, dass THOMAS MANN es Zuckmayer gleichtun will, der (etwa im *HAUPTMANN VON KÖPENICK*) fast alle deutschen Dialekte zu Wort kommen lässt um ein möglichst breites sprachliches Panorama zu schaffen. Ida Jungmann spricht mit westpreußischem Einschlag, worunter sie polnische Brocken mischt, Hugo Weinschenk kann seine Herkunft aus Schlesien, Pastor Pringsheim seine aus Franken nicht verleugnen. Kronbeispiel für die Verwendung des Dialektes und die daraus entstehenden Effekte ist jedoch Permaneder. Seine so wenig ehrgeizige, münchnerisch-›wurstelnde‹ Art zeigt sich in dem saloppen Ton seines Ausdrucks. Der Kontrast zu den distinguierten Buddenbrooks wird besonders im Gespräch mit der Konsulin deutlich (325 f.). Permaneders Ursprünglichkeit, Gutmütigkeit und Ungezwungenheit stehen im Kontrast zu den Bemühungen der Buddenbrooks vor allem die **Dehors zu wahren.** Die Einstellung der Buddenbrooks wird hierdurch umso mehr unterstrichen.

Oft werden durch besondere Ausprägungen der Sprache die Eigenschaften des Charakters und Temperaments ihrer Sprecher ausgedrückt. Zu nennen wäre hier das floskelhafte Buchhalterdeutsch des Prokuristen Marcus (254), die legere Ausdrucksweise des Konsuls Kröger (254), Sesemi Weichbrodts Aussprache, die besonders korrekt sein soll und dabei wieder in mundartliche Laute zurückfällt (z. B. 356), die lutherisch-derbe Redeweise Pastor Köllings (73), Hagenströms ungegliedertes, vom stereotypen **effektiv** durchsetztes Sprechen (602 f.) und die vielen verschiedenen Ausdrucksformen der Lehrer Hannos, die von Verschrobenheit, Selbstgefälligkeit, Unsicherheit, Unausgeglichenheit oder Grobheit ihrer Sprecher Zeugnis geben. Dem Autor scheinen hier unerschöpfliche Möglichkeiten zur Verfügung zu stehen. In der Meisterschaft, das Innerste eines Menschen durch Darstellung seiner Sprechweise zum Ausdruck zu bringen, ist THOMAS MANN wohl unübertroffen.

Im Verlauf des Romans ist eine zunehmende Uniformität in der Sprechweise der Romanfiguren festzustellen. Die Originalität der Ausdrucksweise, die Wirkung des bodenständigen und behäbigen Plattdeutsch tritt zurück, dafür dominiert mehr und mehr das Schriftdeutsch, das kaum mehr Raum für individuelle Nuancen zulässt.

Eine sprachliche Besonderheit im Erzählstil THOMAS MANNS sind die merkwürdigen, oft grotesken Familiennamen, besonders bei Nebenpersonen. Bei näherer Betrachtung zeigt sich allerdings, dass diesen Namensbildungen oft eine ernst zu nehmende Bedeutung zukommt, sodass in besonderen Fällen geradezu von Namenssymbolik gesprochen werden kann. Weichbrodt, Hückopp (vgl. engl. hickup) (718), Käselau (169), Klötermann (174), Suerkringel (182), Smolt (= niederdeutsch *Schmalz*) (190), Puttfarken (348), Puvogel sind natürlich Namen, die zum Lachen reizen, sie erinnern an Ekelnamen altdeutschen Stils, wenn sie auch nicht so derb sind wie etwa in Goethes Personenverzeichnis zu *HANSWURSTS HOCHZEIT*.

Aber wenn der lebensfremde, ganz der Schule angepasste Primus in Hannos Klasse **Todtenhaupt** (712) oder ein Lehrer, der sich in recht verkrampfter Ironie versucht, **Dr. Mühsam** (744) heißt, so sind diese Namen eine Charakterisierung ihrer Träger.

Die Sprache des Romans bietet vielfache Ansatzmöglichkeiten für Einzeluntersuchungen. So wären etwa Tonys zahlreiche Redewendungen, in denen sie sich selbst herabsetzt (**ich altes Weib,** 639, **ich bin eine alte Frau,** 309, **ich habe abgewirtschaftet,** 389, usw.), die sie aber nicht ernst meint und auf die sie Widerspruch erwartet, Stoff hierfür. Oder Christians Fähigkeit zu imitieren, **in Zungen** (448) zu reden. Er demaskiert und kritisiert unbewusst die Welt, indem er sie imitiert. Er nimmt hiermit die Funktion wahr, wie sie der junge THOMAS MANN eigentlich dem Künstler zuschreibt. Aber er dringt über die Imitation hinaus nicht zu selbstständiger Produktion und zu bewusster Kritik vor. Auch die Art der unterwürfigen, aber berechnenden Einschmeichelei, wie Grünlich sie zeigt, ist als besondere Ausprägung eines werbenden Stils, der hier allerdings übertrieben und persifliert wird, eine nähere Betrachtung wert. Auf jeden Fall sollte eine Untersuchung der Sprache auf die naturalistisch genaue Wiedergabe der verschiedenen Sprechweisen der einzelnen Figuren eingehen, wobei sich ein Vergleich mit Hauptmann und Zuckmayer anbietet.

Verschiedentlich benutzt der Autor statt des üblichen erzählerischen Präteritums das Präsens. Dies geschieht auf S. 67 f. (Erzählung Christians), 395 ff. (Hannos Taufe), 408 f. (Spannung vor Bekanntgabe des Wahlergebnisses), 436 (Einmarsch und Einquartierung der Truppen 1865, Hannos kindliche Spiele), 489 ff. (Höhepunkt der Gratulation zum hundertjährigen Jubiläum der Firma). Wie die Hinweise in den Klammern zeigen, handelt es sich um die Darstellung recht zugespitzter Situationen, in denen Spannung und Turbulenz vorherrschen. THOMAS MANN geht hierbei von der Distanz des epischen Erzählers über in einen Stil, der dem der Reportage ähnlich ist: Der Erzähler tritt als Medium stärker in Erscheinung, die Darstellung wirkt abgerissen, emotional, impressionistisch; Ausrufe werden eingesetzt, Fragen werden gestellt, der Leser wird direkt angesprochen. Dabei gerät der Stil oft in die Nähe der erlebten Rede.

9 Exemplarische Analyse von Textstellen

9.1 Einzug ins neue Haus (418–426)

Im Sommer 1863 beschließt Thomas ein neues, prächtiges Haus zu bauen und das Haus in der Breiten Straße zu verkaufen. Das neue Haus soll in der Fischergrube entstehen, genau gegenüber dem Blumengeschäft, in dem Anna Iwersen lebt und arbeitet, zu der Thomas in seiner Jugend ein zärtliches Verhältnis hatte (164 ff.). Er hat sich von ihr getrennt, weil sie keine standesgemäße Partnerin für ihn war.

Das alte Haus, so erklärt Thomas seiner Schwester Tony, sei **eine Schachtel**, es sei ihm nicht mehr repräsentabel genug. Er glaubt es sich als Senator schuldig zu sein, ein größeres, prächtigeres Haus zu besitzen. Tony und auch Gerda bestärken ihn in seinem Vorhaben (419–421).

In einer kurzen und sehr verhaltenen Schilderung von nur zwei Seiten (424–426) wird dargestellt, wie Thomas mit Gerda und Hanno schließlich in das neue Haus einzieht. Es ist in der Tat prächtig, mit roter Fassade, flachem Dach und weißen Karyatiden, **tipptopp** (424), wie man einst auch einmal Gerda bezeichnete (293), dabei ist es unnötig groß und muss, wie der Stadtklatsch es wissen will, **verzweifelt teuer** gewesen sein, **der alte Konsul hätte solche Sprünge sicher nicht gemacht** (424). Auch nach Thomas' eigener Vorstellung ist die Summe, die er für das Haus aufbringen muss, nicht gering; er findet jedoch, **daß er sie ohne Anstrengung zu leisten vermochte** (420), **denn seine Geschäfte gingen in diesen Jahren so ausgezeichnet wie ehemals nur zur Zeit seines Großvaters.**

Wenn man bedenkt, dass Thomas seine Karriere als erfolgreicher Kaufmann und Lokalpolitiker mit dem Bau dieses prächtigen und teuren Hauses gleichsam zu krönen gedenkt, dass er offenbar in ihm geradezu ein Symbol seines Erfolges schaffen will, wirkt die Darstellung des Baus und Einzugs wie ein einziges understatement. Irgendetwas scheint nicht zu stimmen. Inhalt und Ausdruck der Darstellung stehen in einem Missverhältnis zueinander. Tatsächlich zeigt sich bei genauerem Durchlesen der Passage dann auch, dass der von Thomas genannte Grund für den Hausbau wohl nur ein Vorwand ist. Im Eingang des Kapitels erfahren wir etwas von Thomas' fast schon befremdlicher ›Eitelkeit‹, dieser ständig zunehmenden Marotte, sich häufig **körperlich zu erquicken, zu erneuern, mehrere Male am Tage die Kleidung zu wechseln** (418). Diese Eitelkeit **war ursprünglich nichts mehr, als das Bestreben eines Menschen der Aktion, sich von Kopf bis zur Zehe stets jener Korrektheit und Intaktheit bewußt zu**

sein, die Haltung gibt. Jetzt aber, in ihrer Übertreibung, ist sie ganz einfach ein Symptom für **ein Nachlassen seiner Spannung, eine raschere Abnützbarkeit** (419). Thomas ist überarbeitet, er ist rastlos geworden und verausgabt seine Kräfte durch mangelnde Planung und Ökonomie. Schon unter dem Datum des April 1857 ist von seiner **angestrengten Tätigkeit** und dem **Zustand seiner Nerven** die Rede (310).

Nicht aus Übermut oder als Krönung auf dem Gipfel des Erfolgs also wird der Bau des Hauses geplant und durchgeführt, vielmehr hätten **seine Mitbürger dieses Unternehmen seiner ›Eitelkeit‹ zurechnen können, denn es gehörte dazu** (420). Es zeichnet sich mit diesem Bau unter der Oberfläche des Erfolgs der **Verfall der Familie** nun auch in der Person Thomas' schon ab. Und er wird gleichzeitig auch erkennbar in Hanno, der mit seinem ängstlich verschlossenen Mund und den **bläulichen Schatten** (423) seiner Augen keinesfalls kräftig und vital wirkt, ganz abgesehen von seiner schwachen Konstitution und langsamen Entwicklung (422). Ebenso steht es mit Gerda, die ständig von Migräne geplagt und auf Rückzug bedacht ist und die Geburt Hannos nur mühsam überstand; **es hätte nicht viel gefehlt** (397). Bei der Begegnung vor dem neuen Haus mit Anna Iwersen und ihrer Familie (425) wird all das durch Kontrast besonders deutlich. Von Anna heißt es an dieser Stelle:

> **Sie hielt einen vier- oder fünfjährigen Jungen an der einen Hand, schob mit der anderen ein Wägelchen, in dem ein kleines Kind schlummerte, langsam hin und her und befand sich ersichtlich in guter Hoffnung.** (425)

Die Szene des Einzugs in das neue Haus markiert einen Wendepunkt in der Geschichte der Buddenbrooks. Nach Claras Tod, Christians Versagen und Tonys zweiter Scheidung beginnen nun auch Thomas zuerst die Kräfte und dann das Glück (Pöppenrader Ernte, 493) zu verlassen.

9.2 Thomas Buddenbrooks Schopenhauer-Erlebnis (650–660)

Die Episode spielt im Sommer 1874, Thomas ist 48 Jahre alt. Er beginnt **mit seinem nahen Tode zu rechnen** (650). Er fühlt sich gesundheitlich angegriffen und erschöpft, hat aber nicht mehr ausreichend Willenskraft dagegen anzugehen. Das Erlahmen seiner Willenskraft ist für Thomas ein existenzielles Problem, denn gerade auf dieser Willenskraft und eigentlich ausschließlich auf ihr beruhen seine hohe Einschätzung von Arbeit und Leistung, sein so diszipliniert geführtes Leben und damit auch seine persönlichen, geschäftlichen und politischen Erfolge. Ein Leben lang hat er mit dieser Willenskraft eine Schwäche in sich bekämpft, die ihn an die Bummelei (317) und Schlaffheit seines Bruders Christian erinnert, den er wegen dieser inneren Haltung hasst und dem er auf keinen Fall ähneln oder gar gleichen will (vgl. hierzu: **Ich verbummele,** 473; **Ich bin geworden**

wie ich bin, 580). Umso mehr muss das Bewusstsein seiner nachlassenden Willenskraft Thomas aufs Äußerste alarmieren. Er spürt, dass er sich auf seinen baldigen Tod vorbereiten muss, aber er spürt ebenso deutlich, dass er hierzu noch nicht reif ist (**heillose Unreife,** 652). Weder ist sein Bewusstsein schon auf den Tod eingestellt noch sind die Angelegenheiten des Hauses geordnet. Klar ist für Thomas nur, dass er vor **dem Höchsten und Letzten keinen Beistand von außen** erhoffen darf, dass er vielmehr **ganz einsam, selbständig und aus eigener Kraft** [...] **sich klare Bereitschaft** fürs Sterben erringen muss. Und ebenso klar ist ihm, dass sein Sohn Hanno kein geeigneter Nachfolger für die Firma Buddenbrook sein wird. In dieser Gefühls- und Bewusstseinslage und mit dem inneren Ansporn: **Ich muß alles ordnen, bevor es zu spät ist** (654) gerät Thomas dann, durch Zufall oder Fügung, an die Lektüre Schopenhauers.

Er liest den zweiten Teil der *Welt als Wille und Vorstellung* abgeschieden von allen anderen Menschen im Gartenpavillon. Die Lektüre ist zu Anfang flüchtig, dann intensiv und nimmt **vier volle Stunden** in Anspruch. Sie erzeugt in Thomas ein Gefühl der Zufriedenheit und Genugtuung. Der Grund dafür liegt in der Erfahrung, die Thomas aus der Schrift gewinnt, dass sich nämlich hier **ein gewaltig überlegenes Gehirn** [...] **des Lebens, dieses so starken, grausamen und höhnischen Lebens, bemächtigt, um es zu bezwingen und zu verurteilen ...** (654). Thomas sieht seine Situation und sein Scheitern am Leben im Text gespiegelt und fühlt sich durch ihn gerechtfertigt. Nicht der handelnde, versagende und schließlich scheiternde Mensch ist schuld an diesem Scheitern, sondern das Leben selbst. Nicht er, Thomas Buddenbrook, hat in diesem Leben versagt, sondern das Leben, dieses **schlechteste aller denkbaren** (654). Zu dieser Erkenntnis kommt Thomas nicht auf intellektuell-rationaler Ebene, sondern in einer Art Rausch. Begriffe wie Bewusstseinserweiterung, Trunkenheit, Umnebelung, Liebessehnsucht, die der Autor an dieser Stelle benutzt, könnten auf die Einwirkung von Alkohol oder Drogen schließen lassen, aber Thomas ist in dieser Hinsicht vollkommen nüchtern, seine **Trunkenheit** (655) ist rein geistiger Natur.

Nach der Lektüre bleibt Thomas im Zustand **eines schweren, dunklen, trunkenen und gedankenlosen Überwältigtseins** (656). In der Nacht ist er wiederum allein (Gerda ist bei Hanno). Thomas schläft tief, aber nur sehr kurz, bis er plötzlich erwacht und eine Erkenntnis geradezu über ihn hereinbricht, die schon fast visionären Charakter hat. Die Sprache, die diese Vision beschreibt, ist dem Ereignis entsprechend stark emotional gefärbt. **Und siehe da: plötzlich war es, wie wenn die Finsternis vor seinen Augen zerrisse, wie wenn die samtne Wand der Nacht sich klaffend teilte und eine unermeßlich tiefe, eine ewige Fernsicht von Licht enthüllte ... Ich**

werde leben! sagte Thomas Buddenbrook (656). Seine Gefühlslage wendet sich jetzt ins Beglückte und fast Ekstatische. Dabei scheint sich inhaltlich in ihm alles gewandelt zu haben: **Der Tod war ein Glück [...], die Korrektur eines schweren Fehlers,** er ruft auf **zu Heimkehr und Freiheit.** Aber nicht nur der Tod ist gut und begrüßenswert, sondern im Gegensatz zum Vortag, bei der Lektüre, jetzt auch das Leben. **Habe ich je das Leben gehaßt [...]?** (658)

Die Genugtuung über die Bezwingung und Verurteilung des **grausamen und höhnischen Lebens** vom Vortag ist verschwunden. Dafür wird dasselbe **grausame [...] Leben** jetzt bejaht. Und nicht genug damit, Thomas sieht auch noch sein Fortleben gesichert in einem Knaben, **irgendwo in der Welt, [...] rein, grausam und munter** (658). Was hat sich im Bewusstsein Thomas Buddenbrooks vollzogen? Im Kapitel »Philosophie« wurde bereits darauf hingewiesen, dass Thomas bei der Lektüre zwar die Gedankenwelt Schopenhauers aufnimmt, dann aber später (in der Nacht) Gedanken Nietzsches reproduziert. Psychologisch gedeutet hat sich in ihm aber wohl der Prozess vollzogen, dass der Todgeweihte, der sich zuerst noch aufbäumt (**Anspannung des Willens ohne Erfolg und Genugtuung,** 451) und in die Enge getrieben fühlt, sich erst anhand von philosophischer Lektüre und dann in nächtlichen Visionen von diesem übermäßigen Druck zu befreien versucht. Thomas hebt seinen Status als individuelle Persönlichkeit auf und strömt ein oder glaubt einzuströmen in ein universelles Ganzes. Er identifiziert sich mit dem, was er vorher als zerstörerisch und bedrohlich empfunden hat. Nach diesem rauschhaften Erlebnis muss Thomas erfahren, dass sich hierdurch seine Probleme eigentlich nicht gelöst haben. Er kann die einmalige, rauschhafte Vision nicht erneut heraufbeschwören. Sie bleibt letztlich ohne Auswirkungen auf sein Denken und Verhalten. Schließlich empfindet er es sogar als unpassend, einmal derartige **Dinge** empfunden zu haben. **Ziemten sie ihm, ihm, Senator Thomas Buddenbrook, Chef der Firma Johann Buddenbrook? ...** (660) **Bürgerliche Instinkte** (659), **Eitelkeit** (660), **Furcht vor der Lächerlichkeit** (661) tun ein Übriges um ihn von der Wiederaufnahme dieser Gedanken abzubringen. **Endlich gab er alles auf und stellte alles Gott anheim** (661).

9.3 Hanno und die Schule, Hanno und Kai (719–723, 743–750)

Der Beginn der Episode zeigt Hanno, der in der Schule die Pause nach der Religionsstunde mit seinem Freund Kai verbringt. Hanno reagiert auf seine schulische Umwelt mit Angst (720), Kai dagegen ist **bissiger** (723). Aus seiner Haltung lassen sich, besonders den Lehrern gegenüber, **eine ablehnende und ironische Kälte, eine spöttische Distanz und Fremdheit** (723) erkennen. Die beiden Jungen verstehen sich sehr gut. **Die Sache war**

die, daß Kai sich mit Schreiben abgab (720). Hannos Ausdrucksmöglichkeiten dagegen liegen eindeutig im musikalischen Bereich, nach der Schule fantasiert er zu Hause am Flügel. Kai hasst die Schule und sehnt sich danach, aus ihren Verpflichtungen entlassen zu werden. Hanno hasst sie ebenfalls, kann sich aber ein Leben ohne sie und nach ihr nicht vorstellen. Er weiß nicht, welchen Beruf er einmal ergreifen, welches Leben er führen soll. **Ich kann nichts werden. Ich fürchte mich vor dem Ganzen ...** (743). Kai will das nicht gelten lassen: **Nein, wie kann man so verzagt reden! Du mit deiner Musik ...** (743) – Hannos Musik. Nach der Schule, zu Hause im Salon, spielt Hanno am Flügel seine Fantasien über ein einfaches Thema. Die Darstellung seines Klavierspiels lässt erkennen, dass es sich hierbei für Hanno um ein ähnlich rauschhaftes Erlebnis handelt wie das Schopenhauer-Erlebnis seines Vaters. Wie Thomas wird Hanno von dieser Erfahrung überfallen (**eine Flucht von Abenteuern des Klanges, des Rhythmus und der Harmonie, über die Hanno nicht Herr war,** 749), wie bei seinem Vater gibt es visionäre Effekte (**es kam, gleichwie wenn ein Vorhang zerrisse,** 750), wie bei seinem Vater erweckt dieser Rausch Gefühle **wie eine keimende Liebe** (658) und gemahnt **an erste, hoffende Liebessehnsucht** (655). Auch Hannos Fantasie ist erfüllt von erotischen Anspielungen, sein Spiel wird schließlich zu einer **zügellosen Orgie** (750) des Klangs und der Gefühle. – Im Unterschied zu seinem Vater gibt es aber bei Hanno kein Gegengewicht zu diesem Rausch, kein Ethos der Leistung, kein Verantwortungsbewusstsein gegenüber der Familie oder anderen Instanzen. Hanno sagt von seiner Musik: **Es ist nichts damit** (743). Er resigniert. In Kai dagegen sieht er denjenigen, der lebenstüchtig ist und überleben wird: **Mit dir ist es anders. Du hast mehr Mut. Du gehst herum und lachst über das Ganze und hast ihnen etwas entgegenzuhalten [...], du schneidest eine Fratze und bist stolz** (743).

Hans Wysling sieht in diesem Verhältnis autobiografische Bezüge, genauer gesagt sieht er hierin den literarischen Ausdruck der Doppelnatur des jungen Autors Th. Mann:

> **Erst wenn man annimmt, daß Thomas Mann in Hanno und Kai zwei Möglichkeiten seiner selbst gezeichnet hat, versteht man die Szene, in der Kai vom sterbenden Hanno Abschied nimmt und ihm dabei ›unaufhörlich beide Hände‹ küßt: hier nimmt der widerständige Teil Thomas Manns Abschied von seinem melancholischen. Kai wird in seiner Kunst, wie Thomas Mann, die Wirklichkeit ›erledigen‹ und sie zugleich durch eine eigene, eine Kunstwirklichkeit ersetzen – so steht es in *Bilse und Ich,* und so steht es wieder im *Tonio Kröger.* Der, der die Degeneration einer Familie darstellt, ist ein anderer als der, der sie bloß erleidet. Aber der erste kommt ohne den zweiten nicht aus.**[60]

10 Bezüge zu anderen Werken

10.1 Vorbilder

Wie jedes Kunstwerk von Bedeutung, so sind auch die *Buddenbrooks* einzigartig und eigentlich unvergleichlich. Aber wie jedes andere Kunstwerk, so steht auch dieser Roman, zumindest in seiner äußeren Form, in Anlage, Aufbau und Sprache, in einer Tradition. Wer anderen etwas mitteilen will, muss sich eines allgemein bekannten Kodes bedienen, dies gilt im weitesten Sinne auch für den künstlerischen Ausdruck.

Thomas Mann hat seine Vorbilder nicht verleugnet. In seinen literarhistorischen und philosophischen Essays weist er immer wieder auf sie hin, in seinen autobiografischen Schriften zeigt er sogar für das einzelne Werk sehr genau die Übernahmen auf, nicht immer nur der wissenschaftlichen Aufrichtigkeit wegen (schließlich ist er Künstler), sondern oft auch voller Stolz über seine geistigen Väter. Eine dieser autobiografischen Schriften ist *Lübeck als geistige Lebensform*, eine Rede, die 1926 zur 700-Jahr-Feier der Stadt Lübeck als Festvortrag gehalten wurde. Hier schreibt Thomas Mann zur Entstehungsfeier der *Buddenbrooks*, dass ihn vor allem der französische Roman *Renée Mauperin* der Brüder Goncourt zur Produktivität angeregt habe,

> mit einem Entzücken über die Leichtigkeit, Geglücktheit und Präzision dieses in ganz kurzen Kapiteln komponierten Werkes, einer Bewunderung, die produktiv wurde und mich denken ließ, dergleichen müsse doch schließlich auch wohl zu machen sein (E 3, 20).

Der Roman war also nicht nur dem Inhalt nach (Hannos Geschichte), sondern auch der Form nach als relativ kurzes und eben ›leichtes‹ Erzählwerk konzipiert. Thomas Mann fährt fort:

> Nicht Zola also, wie man vielfach angenommen hat – ich kannte ihn damals gar nicht –, sondern die sehr viel artistischeren Goncourts waren es, die mich in Bewegung setzten, und als weitere Vorbilder boten skandinavische Familienromane sich an, legten sich als Vorbild darum nahe, weil es ja eine Familiengeschichte, und zwar eine handelsstädtische, der skandinavischen Sphäre schon nahe, war, die mir vorschwebte. Auch dem Umfang nach wurde dann etwas den Büchern Kiellands und Jonas Lies Entsprechendes konzipiert: zweihundertfünfzig Seiten, nicht mehr, in fünfzehn Kapiteln – […] (E 3, 20)

Aber der **Eigenwille** des **Werkes** (E 3, 21) erzwang eine umfangreichere Form und brachte das Werk schließlich in die Nachbarschaft größerer europäischer

Epiker, als THOMAS MANN sie sich zunächst als Vorbilder gesetzt hatte. In den *BETRACHTUNGEN EINES UNPOLITISCHEN* schreibt er:

> Es [d. h. der Roman *BUDDENBROOKS*] **enthält nicht etwa Raabe oder Jean Paul, es hat mit Spielhagen und anderem deutschen Roman überhaupt nichts zu tun. Der deutsche Einfluß ist wunderlich zusammengesetzt: aus dem niederdeutsch-humoristischen und dem episch-musikalischen Element, – er kam von Fritz Reuter und Richard Wagner.** (BU, 81)

Hans Kaufmann sieht zwei Wurzeln hinsichtlich der Vorbilder, denen der Autor der *BUDDENBROOKS* verpflichtet ist, betont dabei aber mehr deutsche als andere europäische Vorbilder:

> **Der Rückgriff auf die Familiengeschichte und damit auf eine bürgerliche Tradition, auf die Thomas Mann mit einer Mischung von Sympathie und Distanz blickt, erlaubt es ihm, sich an nationalliterarische Vorbilder epischer Kunst (vorzüglich Storm und Fontane) anzuschließen und sie aufzuheben. Aber auch zur Heimatkunst niederdeutsch-humoristischer Prägung wahren die *BUDDENBROOKS* eine positive Beziehung (wie Thomas Mann selbst betont), ohne freilich an die reaktionäre Heimatkunst, an deren nationalistische Borniertheit und unkritische Verklärung deutscher Vergangenheit Konzessionen zu machen.**[61]

Die Einflüsse, die deutsche und europäische Autoren auf THOMAS MANNS Roman ausgeübt haben, sind unterschiedlich in ihrer Art und Intensität. Aber die Familienromane dieser Autoren haben offensichtlich nur eine auslösende Wirkung gehabt. Sie schufen im Autor offenbar die Illusion, sein Vorhaben sei leicht und schnell zu erledigen. Und vielleicht war diese Illusion nötig um dem Autor Mut zu seinem Unternehmen zu machen. Nach seiner Fertigstellung hat der Roman eher Ähnlichkeit mit den Werken von Autoren, deren direkten Einfluss THOMAS MANN verneint: der Psychologie Zolas, dem breiten Spektrum Balzacs.

Der Einfluss der russischen Literatur beruht vor allem auf dem Vorbild Tolstois, dessen epische Kraft THOMAS MANN in seinen Essays über diesen Dichter bewundert. Wenn THOMAS MANN vom **Eigenwillen des Werkes** spricht, der die Künstlernovelle zum Roman von epischer Breite hat auswachsen lassen, so ist das wohl auch auf den Eindruck, den das Werk Tolstois auf ihn gemacht hat, zurückzuführen. Was sein eigenes Werk charakterisiert, lobt THOMAS MANN in seinen Essays oft an seinen **Vorbildern.** Insofern lesen sich seine literarhistorischen Huldigungen oftmals wie eine indirekte Darstellung seiner eigenen Schreibweise:

> **Auch Tolstoi hat das naturalistisch Umfangsmächtige [...]. Auch er hat das Leitmotiv, das Selbstzitat, die stehende Sprachwendung, die seine Figuren charakterisiert. [...] sein großartiger Wille zur Langweiligkeit [...]** (In: *LEIDEN UND GRÖSSE RICHARD WAGNERS.* E 4, 13)

Der Vergleich mit den deutschen Vorbildern Fontane und Storm ist sehr aufschlussreich und zeigt, gerade wenn man einzelne Passagen der *Buddenbrooks* heranzieht, interessante Parallelen.

Wohl keinem seiner großen Vorbilder aus dem Bereich der Kunst und der Philosophie steht Thomas Mann mit so uneingeschränkter Sympathie gegenüber wie Fontane. Bei Wagner, Nietzsche, Schopenhauer und später auch Goethe scheut Thomas Mann sich durchaus nicht, in ›hellsichtiger‹ Liebe auch auf das Problematische im Wesen dieser Großen hinzuweisen. Ein solcher Zug fehlt bei der Betrachtung Fontanes völlig. Offenbar liegt das daran, dass Thomas Mann in den Romanen Fontanes, vor allem des alten Fontane, ein Abbild oder Vorbild seiner eigenen Kunst sah. Fontanes langsame Schaffensweise, seine Skepsis gegenüber dem eigenen Künstlertum, aber vor allem auch seine stilistische Eigenart, die Art der Charakterisierung seiner Personen durch ihre Sprache und Bewegung, die liebevolle, detaillierte Darstellung von Einzelheiten, die ironische Psychologie zeigen deutlich Parallelen bei beiden Schriftstellern. Dies betrifft nicht nur den Stil im Allgemeinen, sondern ist zum Teil bis in Einzelheiten der Darstellung zu verfolgen: In *Effi Briest* bringt Effis Mutter ihrer Tochter schonend nahe, dass Instetten um sie angehalten hat. Man glaubt geradezu eine Dublette zu lesen von der Wirkung, die Grünlichs Antrag im Hause Buddenbrook hervorgebracht hat. Effi scheint sich lustig zu machen über diesen Antrag. Die Mutter hält ihr sehr ernst vor:

> **Es ist keine Sache, um einen Scherz daraus zu machen. Du hast ihn vorgestern gesehen, und ich glaube, er hat dir auch gut gefallen. Er ist freilich älter als du, was alles in allem ein Glück ist, dazu ein Mann von Charakter, von Stellung und guten Sitten, und wenn du nicht nein sagst, was ich von meiner klugen Effi kaum denken kann, so stehst du mit zwanzig Jahren da, wo andere mit vierzig stehen. Du wirst deine Mama weit überholen.** (17)

Ein Vergleich mit dem Gespräch, das die Konsulin im zweiten Kapitel des dritten Teils mit Tony führte, bringt interessante Parallelen, aber natürlich auch Unterschiede hervor. Übereinstimmungen liegen besonders in der Gesamtkonzeption der Erzählhaltung, des Erzählstils, der Bevorzugung des plaudernden Dialogs, der Betonung so gutbürgerlicher Ideale wie der **ausgezeichneten Verhältnisse** (*Buddenbrooks*, 104), in die die Tochter hineinheiraten kann, und nicht zuletzt das völlige Außerachtlassen des Menschlichen, der gegenseitigen Zuneigung, der wirklichen Partnerschaft vonseiten der Eltern. Auch die beiden Mädchenfiguren sind recht ähnlich gesehen, allerdings fehlt Effi Tonys fanatischer Hang zum Vornehmen und ihr ausgeprägter Familiensinn.

Auch Storm hat in den *Buddenbrooks* deutliche Spuren hinterlassen. Wenn Fontane sich über Storms Husumerei lustig machte, so nimmt Tho-

MAS MANN in seinem Essay *THEODOR STORM* den Dichter gegen den Vorwurf provinzieller Beschränktheit in Schutz.

> **Das hohe und innerlich vielerfahrene Künstlertum Storms hat nichts zu schaffen mit Simpelei und Winkeldumpfigkeit, nichts mit dem, was man wohl eine Zeitlang ›Heimatkunst‹ nannte. Die Sprache, zu der das dünne Platt seiner Mundart sich im Werke erhebt und reinigt, [...] besitzt die absolute Weltwürde der Dichtung [...]. (E 3, 229 f.)**

Ein ähnliches Verhältnis zur Sprache nimmt THOMAS MANN auch für sich in Anspruch. In *LÜBECK ALS GEISTIGE LEBENSFORM* heißt es hierzu:

> **Der Stil eines Schriftstellers ist letzten Endes und bei genauem Hinhorchen die Sublimierung des Dialektes seiner Väter. Wenn man den meinen als kühl, unpathetisch, verhalten charakterisiert hat [...] – nun, so mache ich mir keinen Hehl daraus, daß es niederdeutsch-hanseatische, daß es lübeckische Sprachlandschaft ist, die man so kennzeichnet, und ich gestehe, daß ich mich immer am wohlsten gefühlt habe, wenn ich einen Dialog führen konnte, dessen heimlicher Silbenfall durch einen Unterton von humoristischem Platt bestimmt war. (E 3, 30)**

Heimatverbundenheit, aber keine **Heimatkunst** – das musste selbst Kaufmann aus seiner sozialistischen Perspektive THOMAS MANN zugestehen, dasselbe sieht THOMAS MANN auch bei Storm.

Auch Einzelheiten bestimmter Szenen in *BUDDENBROOKS* scheinen auf Storm zu deuten. So hat die **wunderbar hübsche** (166) Anna, von der Thomas Buddenbrook sich vernünftigerweise trennt, weil sie unter seinem Stand ist, recht große Ähnlichkeit mit Wieb aus Storms Novelle *HANS UND HEINZ KIRCH*. Wieb hat ein **Madonnengesichtlein,** Anna **einen beinahe malaiischen Gesichtstypus** (166), beide sind ungewöhnlich schön, passen nicht in ihre sozial niedere Umgebung, dürfen aber wegen ihrer Herkunft von den jugendlichen Helden nicht geheiratet werden; beide Paare haben Erinnerungen an den Jahrmarkt bzw. das Schützenfest, wo sie für eine kurze Zeit miteinander glücklich sein konnten, beide Paare erleben einen schmerzlichen Abschied, bevor der Held eine Reise antritt. Allerdings enden die Lebenswege der Liebenden in *BUDDENBROOKS* nicht so tragisch wie in *HANS UND HEINZ KIRCH*.

10.2 Parallelen

Galsworthy: *FORSYTE SAGA*

Nicht von grundsätzlichen Einflüssen her, sondern von der Gesamtanlage als Familiengeschichte, die exemplarisch mit der Familie Forsyte die Entwicklung aufzeigt, die der ›bessere Mittelstand‹ in England im letzten Jahrhundert nimmt, lässt sich Galsworthys *FORSYTE SAGA* gut mit *BUDDENBROOKS* vergleichen. Beide Romane haben dieselbe Gesellschaftsschicht in derselben Epoche zum Gegenstand: das besitzende Bürgertum des neunzehnten Jahrhunderts. Beide verfolgen den Verfall dieses Bürgertums anhand der Entwicklung einer Familie, die über mehr als eine Generation (Galsworthy: 1886–1920) dargestellt wird. Beide Romane zeigen das Hauptmotiv dieser Gesellschaftsschicht auf: das Streben nach Besitz, den **Sinn für Heimat und Besitz** (Galsworthys Vorwort zu seinem Roman). Beide Autoren setzen einen Gegenpol zu diesem materiellen Motiv, bei Galsworthy ist es die Schönheit, bei THOMAS MANN die zunehmende künstlerische Sensibilität der jüngeren Familienmitglieder, beide Familien erleben ihren **Verfall,** beide Familienschicksale wurden von ihren Lesern als **typisch** (Galsworthy im Vorwort) empfunden und entsprechend nachempfunden. Beide Romane ähneln sich in der Behandlung der Zeit, z. B. den genauen Zeitangaben:

> **Am fünfzehnten Juni, Mitte der Achtzigerjahre, gegen vier Uhr nachmittags, hätte ein zufälliger Beobachter unter den Gästen im Hause des alten Jolyon im Stanhope Gate sich von der höchsten Blütezeit der Forsytes überzeugen können.** [2. Absatz des Romananfangs] – [...] **und man saß nun, gegen vier Uhr nachmittags, in der sinkenden Dämmerung und erwartete die Gäste** [...] (*BUDDENBROOKS*, 11)

Bis in die Uhrzeit hinein scheinen die Übereinstimmungen zu reichen, die sich zwischen beiden Romanen feststellen lassen.

Und doch fallen bei näherer Untersuchung wesentliche Unterschiede auf. Diese sind nicht so sehr in den Einzelheiten der äußeren Handlung als vielmehr in der Darstellungsweise aufzufinden. So sagt Galsworthy beispielsweise gleich zu Anfang direkt, dass sich die Familie Forsyte in ihrer **höchsten Blütezeit** befindet. THOMAS MANN lässt eine solche Erkenntnis indirekt aus dem Geschehen hervorgehen. Dies ist kennzeichnend. Galsworthy beschreibt und kommentiert meist, THOMAS MANN gibt viel öfter das direkte Geschehen, bringt viel mehr direkte Rede, d. h. Gespräche der Beteiligten. Galsworthy schreibt, *dass* etwas stattgefunden hat und warum es in dieser Weise stattfand. THOMAS MANN lässt Wort werden, *wie* etwas stattgefunden hat. – Der Unterschied im literarischen Niveau ist unübersehbar. Galsworthys Darstellung wirkt in ihrer Direktheit oft plump, die Symbolik, wo sie angedeutet wird, wenig überzeugend.[62]

Ein Vergleich beider Romane ist reizvoll wegen ihrer vielen Parallelen in den Details der äußeren Handlung und des Aufbaus; er wird aber – zumal in der Schule – erschwert durch den Umfang der beiden Werke. Es ist allerdings möglich, bei der Behandlung von *BUDDENBROOKS* einen Textausschnitt oder Teilaspekt der *FORSYTE SAGA* zum Vergleich heranzuziehen, als Textausschnitt etwa die beiden Anfangskapitel, als Teilaspekt beispielsweise die Wirkung Gerdas und Irenes auf ihre Umwelt.

Freytag: *Soll und Haben*

Freytags Roman hat heute nur noch dokumentarischen Wert. Seine literarische Qualität wird nicht sehr hoch eingeschätzt. Eine Zeit lang wurde *Soll und Haben* im Rahmen einer Reihe »Nostalgie Bibliothek« wohlfeil angeboten; im September 1978 erschien der Roman jedoch in sorgfältiger Neubearbeitung nach der Leipziger Erstausgabe von 1855, mit einem Nachwort von Hans Mayer, mit Anmerkungen, Zeittafel und Literaturhinweisen, sodass eine Untersuchung zumindest auf einer einwandfreien Textgrundlage vorgenommen werden kann.

Auch dieser Roman spielt im gehobenen Bürgertum des 19. Jahrhunderts, und zwar in Schlesien. Er führt den Leser direkt in die Sphäre des Handelshauses T. O. Schröter in Breslau. Damit wird auch hier eine den *Buddenbrooks* sehr ähnliche Welt als Schauplatz des äußeren Geschehens dargestellt.

Soll und Haben ist kein Generationenroman wie die *Forsyte Saga*. Der Roman konzentriert sich vielmehr ganz auf den Helden Anton Wohlfahrt, der aus mittelständischem Bürgertum in die Welt der Breslauer Handelsfirma kommt – ein Aufstieg also –, sich aber dann durch den adligen Volontär v. Fink in noch höhere gesellschaftliche Kreise, eben den Adel, hineinverirrt. Der Adel wird jedoch als großspurig, unsolide und zum Schluss auch noch als undankbar dargestellt. Deswegen heiratet Anton in das gutbürgerliche Handelshaus ein und verehelicht sich mit der aufopfernden Sabine.

Gustav Freytag war deutschnational und bürgerlich-liberal. Sein Roman zeigt das Bürgertum aus dieser Perspektive bewusst abgegrenzt als ›Mittel‹-Schicht gegenüber Adel und Arbeiterstand. Innerhalb der Welt des Bürgertums, die von Bildung, Arbeitsamkeit, Besitzstreben, Wohlanständigkeit geprägt ist, gibt es keine Schatten; eine Beeinträchtigung dieser Idylle ist nur von außen her möglich. Das Bürgertum ist gefühlvoll, schlicht im Gemüt, tüchtig und stolz auf sein Deutschtum. In seinem Nachwort stellt Hans Mayer die Frage, inwiefern diese gegen Arbeiter, Juden und Slawen gleichermaßen gerichtete Einstellung eines solchen mehr nationalistischen als nationalen Bürgertums ›Vorläufer‹ jener Entwicklungen gewesen ist, die unter dem Nationalsozialismus schließlich ihren traurigen Höhepunkt erreichten. Als einen ›Vorläufer‹ möchte Mayer den Autor nicht einstufen,

> **allein der Nationalliberalismus hat mit Hilfe solcher Thesen von Bildung und Besitz, machtgeschützter Innerlichkeit, bürgerlicher Heroik den Weg vorbereitet für eine Politik, die schließlich alles zerstören sollte: die Abzirkelung der bürgerlichen Mitte nach unten und nach oben; die Solidität des deutschen Kaufmanns, die jüdisch-deutsche Lebensgemeinschaft; nicht zuletzt das Deutschtum an Oder und Neiße.[63]**

In seinen *Betrachtungen eines Unpolitischen* hatte sich Thomas Mann noch nach Abfassung der *Buddenbrooks* politisch zu einem nationalen Konservativismus bekannt, der ihn eigentlich in die Nähe der Sphäre hätte bringen können, die in *Soll und Haben* Ausdruck findet. Vergleicht man jedoch die Romane Freytags und Thomas Manns, so wird sofort offensichtlich, dass sich hier gänzlich verschiedene Welten gegenüberstehen. Dem biederen Provinzialismus Freytags setzt Thomas Mann ein an europäischen Vorbildern geschultes Raffinement der Darstellung, ein Maß an Bewusstheit, Genauigkeit und Differenziertheit entgegen, dass ein wertender Vergleich sich geradezu aufdrängt. Man sollte sich jedoch auch hier auf die Gegenüberstellung einzelner Züge in beiden Romanen beschränken. Vergleichsmöglichkeiten bieten sich vor allem an bei der unterschiedlichen Bedeutung, die Gustav Freytag und Thomas Mann dem Bürgertum beigemessen haben: hier nationalistische Enge und Abgrenzung, dort Urbanität, Weltoffenheit und Steigerung zu künstlerischer Erfahrung. – Auch die Art der Charakterisierung der Romanfiguren reizt zum Vergleich. Freytags Darstellung bleibt klischeehaft, gerät immer wieder in den Bereich des Kitsches, während Thomas Mann mit naturalistischer Genauigkeit schildert und gleichzeitig durch das Stilmittel der Ironie ›gegensteuert‹, sodass die dargestellte Person in doppelter Optik, mit liebevollem und skeptischem Blick zugleich gesehen wird.

10.3 Stellung der »Buddenbrooks« im Gesamtwerk Th. Manns

Schon im Kapitel »Ironie« wurde deutlich, dass Thomas Mann die schopenhauersche Polarität zwischen dem Willen und dem Intellekt aufnimmt. Das Produkt des Willens ist das Leben, für den bewussten, kritischen Intellekt wird von Thomas Mann mehr und mehr der Begriff Geist benutzt. Tonio Kröger (die Novelle erschien 1903, also gleich nach *Buddenbrooks*) sieht das ›Leben‹, wie es als ewiger Gegensatz dem Geiste und der Kunst gegenübersteht. Hier wird Geist mit Kunst gleichgesetzt. Die Ironie verbindet beide Pole miteinander.

Vor allem nach der zunehmenden Beschäftigung mit Goethe wird erkennbar, dass Thomas Mann die Polarität Leben – Geist in die Kunst hineinnimmt. In Anlehnung an Schillers Aufsatz *Über naive und sentimentalische Dichtung* unterscheidet Thomas Mann eine Kunstrichtung, die vom Leben, und eine andere, die vom Geist bestimmt ist. In seinem umfangreichen Essay *Goethe und Tolstoi* (in E 2) sieht Thomas Mann den **Dichter** als Repräsentanten der ersten, den **Schriftsteller** als denjenigen der zweiten Kunstform an. Mit der Kapitelüberschrift »Plastik und Kritik« (im genannten Essay) bezeichnet Thomas Mann die beiden Grundformen literarischer Produktion genauer. Das **ästhetisch-plastische**

Prinzip des Dichters steht dem **moralisch-kritischen** des Schriftstellers gegenüber. Der **Plastiker** bildet ab, der Kritiker misst das Leben, das auch er abbildet, mit dem Maßstab seiner kritischen Moral, er steht dem Leben kritisch gegenüber. THOMAS MANN empfand sich als Repräsentant der zweiten Kunstform und bezog zu den Vertretern der Plastik und des Lebens eine sehr kämpferische Position (vor allem in den *BETRACHTUNGEN EINES UNPOLITISCHEN*, 1918 erschienen). Gleichzeitig wird aber die Existenzform des Künstlers (damit ist der Literat des Geistes und der Kritik gemeint) als eine im Leben außerordentlich problematische Existenz angesehen. Der Essay *GOETHE UND TOLSTOI* (erschienen 1921) zeigt versöhnlichere Züge. Anhand der **Plastiker** Goethe und Tolstoi, denen er Schiller und Dostojewski gegenüberstellt, entwickelt THOMAS MANN eine Auffassung, nach der beide Seiten sich ergänzen und suchen, hier hat die alles verbindende Ironie ihre Hand im Spiel, die immer liebevoll dem anderen zustrebt und erotischen Charakter hat.

In dieser Entwicklungsskala nehmen *BUDDENBROOKS* einen relativ frühen Platz ein. Umso mehr ist es verwunderlich, wie sie vieles von dem, was erst in später erschienenen Werken THOMAS MANNS deutlich wird, vorwegnehmen. In *BUDDENBROOKS* fehlt die alles beherrschende Figur des Frühwerks: der im Leben fremde, verachtete und dennoch selbstbewusste Künstler. Dieser personifizierte Inferioritätskomplex ist aus den frühen Erzählungen nicht fortzudenken. Der kleine Herr Friedemann und Tonio Kröger sind die wohl bekanntesten Beispiele. In *BUDDENBROOKS* klingt dieses Thema durchaus an, Gerda und Hanno sind Künstler in diesem Sinne, Christian ist die Karikatur eines Kritikers des ›Lebens‹. Auch die Feindseligkeit des Lebens ist da: in der Einstellung des alten Johann Buddenbrook gegenüber jeglichen **idées,** in der Ablehnung und Verdächtigung Gerdas durch die Bürger, in der Missbilligung, die Thomas der Lebensuntüchtigkeit seines Sohnes gegenüber zeigt. Und umgekehrt der Hochmut des Geistes gegenüber dem Leben: in der Art, wie Gerda ihrem Mann jedes Kunstverständnis abspricht, wie sie sich über andere Menschen mokiert oder sie lästig findet; in Hannos und Kais Einschätzung der Schule. Aber gegenüber den frühen Erzählungen, die so merkwürdige Gestalten wie Tobias Mindernickel, Lobgott Piepsam (in *DER WEG ZUM FRIEDHOF*), Hieronymus (in *GLADIUS DEI*), den Bajazzo oder den kleinen Herrn Friedemann zum Helden haben, wirkt in *BUDDENBROOKS* die Darstellung der Künstler reifer und ausgewogener, eher realistisch als psychologisch konzipiert und dadurch überzeugender. Gerda nimmt eine Sonderstellung ein, als weibliches Idol (mit intakten Zähnen) hat sie gleichermaßen teil an der Welt der Kunst und des Lebens. Und Hanno, in seiner Abneigung gegen Zahnarzt, Lebertran und Schule, lädt den Leser eher zur Identifikation ein, während die *cranks* der früheren Erzählungen dies durchaus nicht taten. Nur Christian wäre mit den Helden dieser Erzählungen vergleichbar, aber trotz seiner Fähigkeiten zur Imitation wird er dem Leser als Künstler wohl kaum überzeugend deutlich.

Dass der Roman *BUDDENBROOKS* in vielerlei Hinsicht das spätere Werk THOMAS MANNS vorwegnimmt, ist verschiedentlich festgestellt worden. Walter Jens schreibt in seinem Nachwort zu *BUDDENBROOKS:*

> **Kein Tasten und kein Probieren, keine Annäherung und keine zaghafte Untersuchung der gegebenen Möglichkeiten: im ersten Roman Thomas Manns, in den *BUDDENBROOKS* schon, ist das Arsenal gefüllt. Der Sechsundzwanzigjährige hat seinen Stil gefunden; alles ist beieinander; ein Leben lang werden die im Frühwerk dem Leitmotiv entsprechend angerührten Motive in der Attitüde souveräner Ironie variiert werden; nichts geht verloren.**[64]

THOMAS MANN selbst hat beispielsweise von seinem dreiundzwanzig Jahre später veröffentlichten Roman *DER ZAUBERBERG*, der als erster Roman nach *BUDDENBROOKS* einen solchen Erfolg erlebt wie dieser, geschrieben, er sei **tatsächlich zu dem literarischen Gegenstück von *BUDDENBROOKS* geworden, zu einer Wiederholung dieses Buches auf anderer Lebensstufe** (E 3,35).

Nach den *BUDDENBROOKS* entwickelt sich THOMAS MANNS Werk thematisch dahingehend weiter, dass zwar weiterhin die Existenz des Künstlers dargestellt, jedoch diese Existenzform stetig aufgewertet wird (z. B. in *EISENBAHNUNGLÜCK*, *SCHWERE STUNDE*, *JOSEPH UND SEINE BRÜDER*, aber andererseits wird auch immer wieder die Fragwürdigkeit des Künstlertums deutlich, so z. B. in *FELIX KRULL* und *DOKTOR FAUSTUS*). Hinsichtlich des Stilistischen ist eine Weiterentwicklung des ironischen Stils festzustellen. THOMAS MANN sieht seine Helden mit **hellsichtiger Liebe** (BU, 66), d. h. kritisch und liebevoll, ein Paradoxon, das sich eben nur mit der Doppelgesichtigkeit der Ironie erklären lässt. In *BUDDENBROOKS* sind diese Entwicklungen schon enthalten. Insofern ist die Beschäftigung mit diesem Roman mehr als nur das Bemühen um eines der vielen Werke des großen Autors. Tatsächlich wird in diesem Roman im besonderen Maße das gesamte geistige Spektrum THOMAS MANNS und sein spezieller Stil der literarischen Darstellung deutlich.

Unterrichtshilfen

1 Didaktische Aspekte

Die vorliegenden Unterrichtshilfen gehen aus von einem Unterricht im Grund- bzw. Leistungskurs der Sekundarstufe II. Bei einer Behandlung des Romans im Grundkurs sollte die Besprechung inhaltlicher Fragen (also Handlungsablauf, Personencharakterisierung, Darstellung persönlicher Konflikte und gesellschaftlich bestimmter Verhaltensmuster) sowie des Aufbaus und die Analyse einzelner Spracherscheinungen (z. B. Leitmotivtechnik, Ironie) größeren Raum einnehmen. Bei einer Behandlung im Leistungskurs wird die Besprechung des philosophischen und gesellschaftlichen Hintergrundes stärker hervortreten. Hier wird die Behandlung des Romans häufig wohl auch innerhalb übergreifender Literatursequenzen stattfinden (als Beispiel der Gattung Roman, des modernen europäischen Romans). Diejenigen Themen, die wohl nur für den Leistungskurs der Sekundarstufe II geeignet erscheinen, werden mit der Abkürzung LK gekennzeichnet. Für eine Einbettung in übergreifende Literatursequenzen gibt der Abschnitt 3 im Folgenden weitere Hinweise.

Von der Lektüre der *Buddenbrooks* werden Schüler oft abgeschreckt – oder ›erschlagen‹ – durch den Umfang des Romans. Bei weiterem Lesen stellt sich dann heraus, dass hier nicht nur die Quantität des Romans, sondern auch seine besondere Qualität Schwierigkeiten bereitet. Es treten sehr schnell sehr viele Personen auf, die Zuordnung und Identifizierung der Personen wird schwer, man kann Haupt- und Nebenfiguren nicht so bald unterscheiden, das Nebeneinander der Generationen und der Familien (zuerst auch Krögers) verstärkt diesen verwirrenden Eindruck noch. Hier sollte – zumal bei einer Lektüre schon in der Sekundarstufe I – der Unterrichtende Hilfestellung geben. Dies ist möglich durch gezielte Hinweise auf Chronologie und Genealogie.

Wie bereits dargestellt wurde, gibt der Autor recht genaue zeitliche Angaben. Diese Zeitangaben sollten hervorgehoben und bewusst gemacht werden. Sie erleichtern die Orientierung sehr. (Deswegen genaue Hinweise im Kapitel »Aufbau« – Kap. 3 – dieser Arbeit.) Sie eignen sich außerdem als Ausgangspunkt einer Untersuchung von Erzählzeit und erzählter Zeit.

Die Klärung der verwandtschaftlichen Beziehungen zwischen den Romanfiguren bringt zusätzliche Hilfe. Die Tatsache, dass vier Generationen Buddenbrooks im Laufe des Romans auftreten, sollte von vornherein klargestellt werden, ebenso die Verwandtschaft zu den Krögers. Dass sowohl der Konsul als auch sein Vater den Vornamen Johann tragen, kann Verwechslungen ergeben; auch dass der Senator, also Thomas, nach dem Tode Gottholds eine Zeit lang als Konsul bezeichnet wird, trägt zur Verwirrung bei.

Es braucht nicht gerade ein vollständiger Familienstammbaum zu sein, aber eine kurze genealogische Übersicht hilft dem ungeübten Romanleser beim Einlesen in die *Buddenbrooks* sicher sehr. Bei der Einführung des Romans in der Sekundarstufe I wirkt ein einleitendes Gespräch über die Soziostruktur einer kleinen bis mittleren Stadt im vorigen Jahrhundert oft klärend. Was bei diesem Gespräch als *Honoratioren*, d. h. als Angehörige des gehobenen Mittelstandes, genannt wird, ist im ersten Teil des Romans sicher vollzählig unter Buddenbrooks Gästen wiederzufinden. Dies vermittelt dem Schüler einen Eindruck, in welcher gesellschaftlichen Sphäre die etwas verwirrende Handlung des Romans einsetzt.

Zur Soziostruktur des damaligen Lübeck vgl. das Kapitel »Ökonomische und soziale Hintergründe«, zum Bürgertum des 19. Jahrhunderts die im Kapitel »Materialien« vorliegenden Texte. Dort befindet sich auch eine genealogische Übersicht.

2 Unterrichtsschwerpunkte

»Buddenbrooks« als Beispiel einer literarischen Epoche

Thomas Manns erster Roman *Buddenbrooks* gehört durchaus der Tradition des europäischen Realismus an, schreibt Erich Heller in seiner Monografie *Thomas Mann. Der ironische Deutsche* (1959). Wenig später heißt es: **Widerstandslos also fügt sich das Werk in die Kategorie ›realistischer Roman‹. Es wäre undenkbar ohne das Vorbild der französischen und russischen Meister des Genres, undenkbar auch ohne Fontane.**[65]

Thomas Mann selbst ordnet in seinen *Betrachtungen eines Unpolitischen* die *Buddenbrooks* einer anderen Epoche zu: – **es ist für Deutschland der vielleicht erste und einzige naturalistische Roman** (BU, 81).

Zwei so entschiedene Behauptungen, zumal wenn sie in ihrer Aussage derart differieren, können zum Ausgang einer Untersuchung werden, die zu klären versucht, welcher literarischen Epoche der Roman *Buddenbrooks* nun schließlich zuzurechnen ist. Hierzu ist es nötig, die Begriffe Realismus und Naturalismus, wie sie die Literaturwissenschaft gebraucht, möglichst genau zu bestimmen. Was ist unter Realismus zu verstehen? Wolf Wucherpfennig in seiner Literaturgeschichte datiert diese Epoche von 1850–1895 (vgl. *Buddenbrooks* erschienen 1900) und charakterisiert sie, indem er auf ihre **Doppelbödigkeit** hinweist:

> **Die zeitgenössische Literaturkritik verlangt eine realistische Dichtung. Von Realismus spricht man üblicherweise dann, wenn die Schriftsteller ihr Interesse dem Alltäglichen zuwenden, um es ernsthaft, umfassend und ohne subjektive Kommentare zu beschreiben, so daß die Darstellung den Vergleich mit der historischen Wirklichkeit herausfordert. [...] Die Literaturkritik fordert nun aber weiter, daß das Alltägliche zugleich verklärt werde: Die Dichtung müsse auch eine tiefere, ›poetische‹, mehr dem Schönheitsgefühl als der Einsicht zugängliche Wahrheit aufzeigen. Man glaubt nämlich, daß sich in der alltäglichen Wirklichkeit, so unvollkommen sie ist, ein harmonisches Ganzes verberge. Das ist die tiefere Wahrheit, die die Dichtung aufdecken muß. Sie soll das Alltägliche zwar in treffender Wahrscheinlich-**

keit darstellen, aber ohne das Häßliche zu zeigen, und ihre Kritik in Versöhnung ausklingen lassen. […] Damit die Dichtung die Versöhnung darstellen kann, muß Humor zu ihrer Grundstimmung werden.[66]

Vgl. hierzu auch den im Kapitel »Materialien« abgedruckten Text *Die Aporien des Realismus* von Emil Homberger. Sehr eingehend und detailliert behandelt G. Plumpe den Epochenbegriff des Realismus im Vorwort zu seiner Textsammlung *Theorie des bürgerlichen Realismus*. Er geht dabei besonders auf das Verhältnis des literarischen Begriffes zu dem des politischen Realismus ein und stellt eine **tiefgreifende Differenz**[67] zwischen Literatur (poetischem Realismus) und politischer Wirklichkeit nach 1848 fest.

Die Epoche des Naturalismus datiert Wucherpfennig von ca. 1880 bis ca. 1910. Sie ist gekennzeichnet von Krisenbewusstsein, geistiger Isolation des Einzelnen. Die Literatur des Naturalismus wendet sich dem Leben vor allem der Arbeiter und sonstigen sozial Niedrigstehenden zu, hebt das Hässliche, Abstoßende, Triebhafte krass hervor **und schockiert so das Publikum**[68]. Stilistisch neigt der Naturalismus dazu, Handlung im so genannten Sekundenstil, d. h. mit extrem niedrigem Erzähltempo, darzustellen. Einzelne Vorgänge werden in all ihren Einzelheiten geschildert. Dabei werden äußerste Hingabe an das Dargestellte, also strenge Objektivität, und strikte Zurückhaltung des Autors sowohl theoretisch gefordert als auch in der literarischen Praxis realisiert. Bei einer derartigen Fixiertheit auf den einzelnen Moment, das einzelne Objekt, beginnt die Wirklichkeit zu zerfallen, eine kontinuierliche Handlung löst sich in Einzelbilder auf. Dem zugrunde liegt **das Problem, daß der einzelne seine Individualität nicht mehr aus einer sinnvollen, weil auf eine akzeptierte gesellschaftliche Umwelt bezogenen Reihe von Handlungen verstehen kann.**[69]

Für die Gattung des Romans zieht Wucherpfennig daraus die Konsequenz:

Da ein individueller Lebenslauf innerhalb eines akzeptierten gesellschaftlichen Zusammenhangs den Erfahrungen der Schriftsteller widerspricht, wird insbesondere der Roman in seiner überkommenen biographischen Form problematisch. […] Die wenigen naturalistischen Romanautoren verbinden einen schon modernen, an Emile Zola geschulten sozialkritischen Blick mit der traditionellen Erzählweise des Realismus. Die Theorie des konsequenten Naturalismus ist für die Romanform nicht geeignet, weil die geforderte minuziöse Darstellung einen allzu engen Wirklichkeitsausschnitt verlangt.[70]

Wie aus dem zuletzt Zitierten hervorgeht, wird sich bei der Analyse der *Buddenbrooks* hinsichtlich ihrer Epochenzugehörigkeit wahrscheinlich kein eindeutiges Ergebnis ermitteln lassen. Zu diffus sind schon die Epochenbegriffe selbst, die eher durch Umschreibung als durch exakte Definition zu fassen sind. Zu vielgestaltig ist auch der Romantext, wie bereits bei der Untersuchung von Erzähltempo und -situation deutlich wurde. Und erst recht verhindert die eben im Zitat dargestellte Problematik eines naturalistischen Romans eine solche genaue Zuordnung. (Wucherpfennig selbst reiht übrigens die *Buddenbrooks* unter den Werken des Naturalismus ein.)[71] Es lassen sich aber deutlich einige Merkmale des Romans entweder dem Realismus oder dem Naturalismus zuordnen. So weisen auf den Realismus hin: die große Bedeutung des Humors, das Aussparen des Krassen, Hässlichen, Furchtbaren (Hannos Tod), die **tiefere Wahrheit** und Doppelbödigkeit des Geschehens (Entwicklung vom Bürger zum Künstler als symptomatisch für die Jahrhundertwende angenommen), die lange ›erzählte Zeit‹, die komplexe Handlung, das Generationen- und Familienbewusstsein, das Pflichtbewusstsein, das Standesbewusstsein. Eher dem Naturalismus zuzuordnen sind dagegen die häufig anzutreffende personale Erzählsituation (Erzähler tritt zurück), das langsame Erzähltempo im ersten Teil, bei der Darstellung des Schopenhauer-Erlebnisses oder des Schulalltags Hannos, die genaue Darstellung von Einzelheiten, die Neigung zur Montage. – Die Darstellung der vielen ›kleineren Leute‹ in *Buddenbrooks* ist wohl kein Kennzeichen für naturalistischen Stil. Diese Romanfiguren bleiben entweder blasse Statisten oder gehören der Mittelschicht an (Lotsenkommandeur Schwarzkopf) und sind also nicht, wie für den Naturalismus typisch, sozial sehr Niedrigstehende. Wo doch einmal Arbeiter dargestellt werden (Corl Smolt), geschieht dies in humoristischer, eher karikierender Weise und gänzlich aus der Perspektive der Großbürger.

Neben den realistischen und naturalistischen Zügen zeigen die *Buddenbrooks* auch noch Merkmale einer weiteren literaturgeschichtlichen Epoche: Der Eingang des Romans ist geradezu ein Musterbeispiel impressionistischer Erzähltechnik. Die Darstellung des **Landschaftszimmers,** der Garderobe der Anwesenden, der einzelnen Teile ihres Gesprächs bis zum Blick aus dem Fenster geben in einer Kette von Augenblickseindrücken sinnliche Wahrnehmungen wieder, die ein sehr nuancenreiches Bild schaffen. Dieser impressionistische Zug geht im Laufe des ersten Teils zurück, die Objektivität der realistischen Darstellung gewinnt die Oberhand. Im Verlauf des Romans sind jedoch immer wieder impressionistische Anklänge zu beobachten, selbst noch im so viel später abgefassten *Der Zauberberg* ist das wieder der Fall.

Bei einem Interpretationsansatz, der die Zugehörigkeit des Romans zu einer bestimmten Epoche untersuchen soll, muss die Gefahr vermieden werden, dass man den Text lediglich auf typische Kennzeichen für diese Epoche abklopft. Das Primäre ist selbstverständlich immer der literarische Text, alle Klassifizierungen werden ja erst sekundär aus einer Anzahl von Texten heraus erkannt. Andererseits befinden sich die *Buddenbrooks* (schon allein von ihrer Entstehungszeit her gesehen) so deutlich in der Nachfolge vorhergehender Erzähltraditionen, dass eine Untersuchung nach dem dargestellten Interpretationsansatz durchaus legitim und angemessen ist. Auf die Einflüsse Fontanes, Tolstois und Zolas, Vertretern des Realismus bzw. Naturalismus, wurde bereits hingewiesen.

Der Zusammenhang der Entwicklung eines literarischen Stils mit historischen Entwicklungen wurde beim Hinweis auf die Restauration und das erstarkende Bürgertum schon angesprochen. Verengt man den Einfluss des Historischen auf den Bereich des Sozialhistorischen, so wird ein weiterer möglicher Interpretationsansatz erkennbar:

»Buddenbrooks« als Beispiel für die Darstellung gesellschaftlicher Verhältnisse im 19. Jahrhundert

Dichtung wird beeinflusst von den ökonomischen Umständen, unter denen sie entsteht (ein Angehöriger des Bürgertums sieht die Welt aus bürgerlicher Perspektive); aber Dichtung kann auch die Wirklichkeit beeinflussen (durch Analyse, Aufklärung, Appell). Der soziale Aspekt steht im Vordergrund. Wie wird die Gesellschaft dargestellt? Aus welcher sozialen Schicht wird die Perspektive angelegt? In welchem Verhältnis werden die verschiedenen Klassen und Stände zueinander gezeigt? Stimmt das, was die Dichtung hinsichtlich des Gesellschaftlichen darstellt, mit den Erkenntnissen der Sozialwissenschaften überein? Wenn nein, warum wird hiervon abgewichen?

Eine soziologische Deutung der *BUDDENBROOKS* wird sich also vor allem der Schilderung des Bürgertums, der Ablösung der Buddenbrooks durch die Hagenströms, der Darstellung des historisch-politischen Hintergrundes (Revolution, Demokratisierung, Wirtschaftspolitik, z. B. Zollverein) zuwenden. Sie wird die Qualität des Romans daran messen, ob die Schilderungen der oben genannten Bereiche exakt, objektiv und den wissenschaftlichen Erkenntnissen gemäß vom Autor geleistet wurden.

Eine soziologische Deutung der *BUDDENBROOKS* hat Martin H. Ludwig gegeben.[72] Bei einem Vergleich der Sozialgeschichte Deutschlands und Lübecks mit dem Roman weist Ludwig nach, dass Thomas Mann Umformungen vorgenommen hat. Es sei Thomas Mann um eine Darstellung der **Fin de siècle- und Dekadenz-Stimmung**[73] gegangen. Diese Stimmung habe er dargestellt anhand des Verfalls einer großbürgerlichen Familie in der zweiten Hälfte des 19. Jahrhunderts. Dieser **Verfall** sei dann als ein Symptom des allgemeinen Niedergangs des Bürgertums angesehen worden. Und dies sei falsch. Das Großbürgertum habe noch bis ins 20. Jahrhundert hinein keinerlei Niedergangserscheinungen gezeigt. Überhaupt erschienen Wirtschaft, Politik und Geschichte im Roman durch Umformung entstellt bzw. nur am Rande, sodass die *BUDDENBROOKS* in dieser Beziehung nicht als repräsentativ angesehen werden könnten.

Geschäftsvorgänge und historische Entwicklungen werden also nicht zum Thema der literarischen Darstellung erhoben, die Struktur des Unternehmens nicht übersichtlich vorgeführt. Die Hauptfiguren, die Leiter des Buddenbrookschen Unternehmens, werden nicht als Unternehmer gezeigt. Ihre geschäftlichen und politischen Aktivitäten kommen aus der Sicht desjenigen in den Blick, der mit Geschäft und Politik nichts zu tun hat.[74] Und damit, so resümiert Ludwig in der **Zusammenfassung der Untersuchungsergebnisse, [...] ist auch entschieden, daß der mit Hinweisen auf kaufmännische Praktiken behauptete, sozialgeschichtlich relevante Gegensatz zwischen den Buddenbrooks und den Hagenströms qualitativ unbedeutend ist.**[75] Die Unterscheidung patrizisches Bürgertum und imperialistische Emporkömmlinge lässt Ludwig nicht gelten. Hierauf weist allerdings gerade Heller in einem kurzen soziologischen Exkurs hin: **Denn der Roman zeigt klar genug, wer dem abdankenden Bürger auf dem**

Fuße folgt: die Hagenströms, skrupellose Parvenus der Bourgeoisie und Briganten der Produktenbörse, die sich des Hauses und der Firma Buddenbrooks bemächtigen, schwimmend im Strom der ›historischen Notwendigkeit‹.[76]

Weitere Hinweise und Hilfen für diese Thematik geben das Kapitel »Ökonomische und soziale Hintergründe« sowie die im Kapitel »Materialien« gegebenen Texte.

»Buddenbrooks« als Beispiel für die Darstellung philosophischen Denkens im 19. Jahrhundert

Hierzu wurden die nötigsten Hinweise schon im Kapitel »Philosophie« dieser Arbeit gegeben. Beim philosophischen Interpretationsansatz wird der Einfluss zugrunde gelegt, den vor allem die beiden Philosophen Nietzsche und Schopenhauer auf den jungen Thomas Mann gehabt haben. Wichtig für den Unterrichtenden sind hierbei nicht nur die Originaltexte der Philosophen (hier genügen kurze Ausschnitte), sondern vor allem Thomas Manns Essays über sie, weil hierin seine besondere Auffassung und kritische Bewertung ihres Denkens klar erkennbar wird (*Schopenhauer* in E 4 und *Nietzsches Philosophie* in E 6). Auch in den Essays über Wagner finden sich viele Hinweise auf die Beziehung des Autors zu den Philosophen, z. B. in *Leiden und Grösse Richard Wagners* in E 4.

Wichtig ist es, die Verbindung beider Philosophen in *Buddenbrooks* aufzuzeigen um so Thomas Manns **ironisches Oszillieren**[77] deutlich zu machen. Hierdurch entgeht man gleichzeitig der Gefahr, den Roman zu ausschließlich als Illustration philosophischer Ideen zu betrachten, und man wird seiner künstlerischen Konzeption eher gerecht.

Bei einem Interpretationsansatz, der von der Philosophie ausgeht, ist Erich Hellers Interpretation des Romans sehr hilfreich. Es lässt sich aufzeigen, wie in der Geschichte der Buddenbrooks gleichzeitig **Verfall** und Aufstieg dargestellt werden. Hierzu die folgende schematische Gegenüberstellung dieser beiden Tendenzen:

Der alte Johann Buddenbrook	innere Festigkeit, geschäftliche Erfolge durch Kenntnis und richtige Einschätzung der Umwelt, entschlussfreudig, aktiv, gesund	keine Selbstreflexion, schwaches Vergangenheitsbewusstsein, wenig Einfühlungsvermögen in die Bereiche der Kunst und des Gefühls
Konsul Johann Buddenbrook	geschäftstüchtig, einsatzbereit, von festen Prinzipien geleitet, die allerdings ihre Wurzel nicht im Bereich des täglichen Lebens haben, gesundheitlich weniger robust	Selbstreflexion und Skrupel im Geschäftlichen durch betont christliches Empfinden, dadurch auch innerer Zwiespalt und nur eingeschränkte Fähigkeit zur Einschätzung der Umwelt (Grünlich), Gefühl der Verpflichtung gegenüber der (Firmen-) Vergangenheit

Senator Thomas Buddenbrook	ehrgeizig, einsatzbereit bis zur Selbstaufopferung, dabei gebildet, gewandt, von überzeugender Persönlichkeit, aber schwächer, schnell erschöpft, gesundheitliche Beeinträchtigungen durch Nerven, Zähne	belesen, Geschmack für das Extravagante, Kritische, Künstlerische, prätentiös, besonders zum Ende seines Lebens Zweifel an der eigenen Einstellung zur Realität, Schopenhauer-Erlebnis als Rausch, Angst und Verzagtheit aus Erschöpfung
Hanno	mangelnde Willenskraft und Bereitschaft den Anforderungen des Lebens zu genügen, von sehr schwacher gesundheitlicher Konstitution	hohe Sensibilität, künstlerische Begabung und Produktion

»Buddenbrooks« als Beispiel der Gattung Roman

Buddenbrooks ist einer der meistgelesenen Romane. Es liegt daher nahe, ihn als typisches Beispiel dieser Gattung hinzustellen. Außerdem scheint es vielleicht reizvoll, ihn einer der vielen in den Handbüchern genannten Unterarten von Romanen zuzuzählen (Wilpert, *Sachwörterbuch der Literatur*, Braak: *Poetik in Stichworten*, a.a.O.). Kennzeichen der Gattung Roman zeigen die *Buddenbrooks* vor allem darin, dass dieser Roman einen **umfassend angelegten und weitausgesponnenen Zusammenhang zur Darstellung** bringt[78], dass sein Held in einer **wesentlich differenzierteren Welt** lebt, **in der nach Verlust der alten Ordnungen und Geborgenheiten die Problematik, Zwiespältigkeit, Gefahr und die ständigen Entscheidungsfragen des Daseins** (ebd.) an den oder die Helden herantreten (Unterschied zum Epos). Breite der Darstellung, Übergangszeit, der Held in der modernen Situation des Einzelnen, Unberatenen, der seinen Weg suchen muss, sind als typische Merkmale ebenfalls leicht nachzuweisen.

Problematischer wird es mit der Feststellung, dass für den Roman **nicht mehr das ›große Schicksal‹ sondern die seelische Entwicklung des einzelnen** (Braak[79]) bestimmend ist. Hier zeigt der Roman seine Eigenheiten. Die **seelische Entwicklung** der Personen in den *Buddenbrooks* ist nämlich nicht so sehr ein Reifen des Individuums in der Auseinandersetzung mit den Forderungen des Daseins als vielmehr eine kaum beeinflussbare Entfaltung dessen, was im Charakter seiner Personen von Anfang an angelegt ist. **Alles, was der Einzelne tut, und alles, was ihm zustößt, ist nichts als die dramatische Entfaltung dessen, was er recht eigentlich ist. Sein Schicksal und sein Charakter sind unauflösbar eins,** schreibt Heller[80]. Besonders auffällig wird das an Gestalten wie Gerda, Tony, Christian, Hanno; erkennbar ist es aber auch am Konsul oder am alten Buddenbrook: eine **innere Entwicklung** dieser Personen findet eigentlich nicht statt. (Eine kleine Ausnahme macht Thomas in seinem sehr vorübergehenden Rausch der Schopenhauer-Lektüre). Dies hängt mit der philosophischen Grundstruktur des Romans zusammen. Wenn Schopenhauer der Entwicklung eines kritischen Bewusstseins Jahrmillionen Zeit gewähren muss, ist Thomas Manns Zusammenziehung auf vier Generationen schon recht radikal. Eine weiter gehende Zusammendrängung, nach der diese Entwicklung in *einem* Individuum vor sich geht, war offenbar nicht adäquat. Und um diese Entwicklung (des kritischen Bewusstseins gegenüber dem **Willen**) ging es Thomas Mann, nicht so sehr um die innere Entwicklung eines Individuums.

Hiermit ist schon die Zuteilung zu einer der Unterarten des Romans angesprochen. Hier vergrößert sich die Problematik noch. **Jede Zuordnung eines Romans zu einer bestimmten Romanform ist einseitig; es bestehen zahlreiche Einteilungsmöglichkeiten, die einander im Einzelfall überschneiden.** (Braak)[81] Diese Feststellung hilft viele Missverständnisse der Interpretation zu vermeiden.

Buddenbrooks ist ein Generationenroman, aber er ist dies, wie gezeigt wurde, aus einem besonderen Grund, der sich unterscheidet von den Absichten, die etwa Galsworthy verfolgt. (**Wenn der bessere Mittelstand mit anderen Klassen dazu bestimmt ist, in Amorphie überzugehen, liegt er hier, in diesen Seiten konserviert unter Glas zur Schau für alle, die in dem weiten, schlecht angelegten Museum der Literatur umherstreifen. Hier ruht er in seiner eigenen Atmosphäre, dem Streben nach Besitz.** [Galsworthy am Schluss des Vorworts zur *Forsyte Saga*].) Für Thomas Mann war dies nur ein Ausgangspunkt um zur Schilderung der künstlerischen Existenz Hannos zu kommen.

Dass auch die Bezeichnung **Schlüsselroman** für die *Buddenbrooks* eher missverständlich als erhellend ist, wurde zu Beginn dieser Arbeit schon erwähnt. Thomas Mann selbst hat sich in *Bilse und ich* hiergegen gewandt und den durchgehend autobiografischen Charakter seines Romans betont. So auch im Brief an F. Bertaux vom 1. 3. 1923 (*Briefe 1889–1936*, 206). – In der Weise, wie Thomas Mann Storm davor in Schutz nimmt, dass man sein Werk der ›Heimatkunst‹ zurechnet, hält er auch die eigene Produktion für national, ja europäisch, wenngleich sie auch im Heimatlichen wurzelt. Und tatsächlich: *Buddenbrooks* etwa der Gattung **Heimatroman** oder **Familienroman** zurechnen zu wollen, hieße die wesentlichen Aussagen dieses Romans gründlich verkennen. Ebenso wenig ist es eigentlich ein chronikalischer, ein Gesellschafts- und psychologischer Roman. (Diese Bezeichnungen wurden v. Wilperts *Sachwörterbuch der Literatur* entnommen.) Selbst die Einordnung der *Buddenbrooks* in literaturgeschichtliche Epochen, wie **realistisch**, erfasst den Roman nicht ganz, wird jedoch zumindest seiner stilistischen Anlage weit gehend gerecht. Wie bereits dargestellt wurde, enthält der Roman aber auch naturalistische Züge (vgl. vor allem die Beschreibung des Fleisch- und Fischmarktes, 673). Zu Beginn der *Buddenbrooks* sind auch Charakteristika des Impressionismus festzustellen. Der Roman *Buddenbrooks* ist vielen Untergattungen zugeordnet worden. So wird er beispielsweise von F. Kraul als Gesellschaftsroman definiert und interpretiert.[82]

Abschließend soll an dieser Stelle noch eine sehr frühe Besprechung der *Buddenbrooks* wiedergegeben werden. Vielleicht eignet sich gerade dieser Text in seiner übertriebenen Metaphorik und zeitgebunden schwülstigen Ausdrucksweise für den Einstieg in eine gemeinsame Interpretation des Romans. Er befindet sich im Anhang zur Ausgabe der *Betrachtungen eines Unpolitischen* von 1918 und ist – nach dortiger Angabe – aus der ***Wiener Abendpost*** übernommen:

> **Vier Generationen einer Lübecker Patrizierfamilie, vier Großkaufmanns-Generationen läßt der Dichter vor uns einander ablösen. Mit einer Technik, die nur strengste Selbstzucht einer blutstrotzenden Phantasie abringt, wird das Hinsiechen dieses gewaltigen Baumes – Familie Buddenbrook – in Bildern von vehementer Regsamkeit entwickelt. Was ist das Wunderbare an diesem unbewegten, mit fester Chronistenhand Zeile um Zeile sorgfältig aufgebauten Buche? Warum erleben wir an der eigenen Seele alle diese so gleichgültigen Geschehnisse, diese Tagtäglichkeiten eines weltabgeschiedenen Bürgerhauses, warum ist es uns, wenn wir den Band dann vor uns hinlegen, weh und wund ums Herz? Ist es die unerhörte Meisterschaft der Darstellung, diese kalte, ruhige Macht der Erzählung? Ist es der helläugige sonore Dichter, in dessen Schatten diese Menschen wurden und verdarben! Rühren wir nicht an dieses zarte Geheimnis. Es ist das Märchen der Schöpfung.**

3 Unterrichtsreihen

– Beziehung zwischen Vater und Sohn:

Theodor Storm:	*Hans und Heinz Kirch*
Gerhart Hauptmann:	*Michael Kramer*
Ralph Giordano:	*Die Bertinis*

– Kind als Außenseiter:

Theodor Storm:	*Der Schimmelreiter*
Siegfried Lenz:	*Deutschstunde*
Günter Grass:	*Die Blechtrommel*

Stunden	Thema	Didaktische Aspekte (Inhalte/Ziele)
	Buddenbrooks 1. Teil	Der Text des 1. Teils soll den Schülern durch Hauslektüre bekannt werden.

– Großbürgerliches Milieu:	
vgl. Kap. 10.2:	»Parallelen«
John Galsworthy:	*Die Forsyte Saga*
Gustav Freytag:	*Soll und Haben*
– Musik:	
Heinrich von Kleist:	*Die heilige Cäcilie*
Eduard Mörike:	*Mozart auf der Reise nach Prag*
Thomas Mann:	*Das Wunderkind*
– Liebe und Konvention:	
Friedrich Schiller:	*Kabale und Liebe*
Theodor Fontane:	*Effi Briest*
Viktor von Scheffel:	*Der Trompeter von Säckingen*
Gottfried Keller:	*Kleider machen Leute*

4 Unterrichtssequenzen

Verwendete Abkürzungen:

A	= Alternative	PRO	= produktionsorientierte Themen- und Aufgabenstellung
GA	= Gruppenarbeit	Ref	= Referat
GK	= Grundkurs	SRef	= Schülerreferat
HA	= Hausaufgabe	StA	= Stillarbeit
KRef	= Kurzreferat	SV	= Schülervortrag
LK	= Leistungskurs	TA	= Tafelanschrieb
LV	= Lehrervortrag	UG	= Unterrichtsgespräch
PA	= Partnerarbeit		

Methodische Realisierung/ Verlauf	**Hausaufgabe**
Es findet noch kein Unterricht statt. Es wird nur die vorbereitende HA gegeben.	1. HA: Lesen Sie den 1. Teil des Romans. Achten Sie dabei auf folgende drei Punkte: a) Zeitbestimmungen b) Verwandtschaftsverhältnisse c) Gottholds Brief 2. PRO HA (zu b): Fertigen Sie die Zeichnung eines Stammbaums der Familie Buddenbrook an, soweit dies nach der Lektüre des 1. Teils möglich ist.

Stunden	Thema	Didaktische Aspekte (Inhalte/Ziele)
1./2.	*Buddenbrooks*, 1. Teil	1. Exposition, Einführung der Personen. Wer tritt auf? Personenstruktur des Romans, Generationen. 2. Zeit- und Ortsangaben. Wann spielt der Roman? 3. Erster Konflikt: Sensibilisierung für den Konflikt, der aufgrund von Gottholds Brief entsteht. Streit ums Geld. Christliches Denken und kaufmännische Verantwortung als Vorwände für die Durchsetzung finanzieller Interessen.
3.	*Buddenbrooks*, 2. Teil. Geburt Claras, Einschnitte hinsichtlich der Entwicklung der drei Geschwister	Die unterschiedlichen Charaktere von Thomas, Tony und Christian sollen erkannt werden.

Methodische Realisierung/ Verlauf	Hausaufgabe
1. Einstieg: TA des erarbeiteten Stammbaums durch Schüler (= PRO HA). Diskussion, evtl. Korrektur des TA. (Vgl. Mat. 13.) 2. UG: Die einzelnen Vertreter der drei Generationen. Zur Darstellung gleich dreier Generationen Hinweis auf soap operas im Fernsehen wie z. B. »Dallas«, wo dies ähnlich ist (im Gegensatz zu anderen Serien wie etwa »Beverly Hills«, die auf eine Generation beschränkt sind). 3. StA oder PA: Sammeln und Zusammenstellung der vom Autor gemachten Zeitangaben. Was erfahren wir? (Jahr, Jahreszeit, Wochentag, Tageszeit der Handlung sowie das Alter einiger Personen, z. B. Tony, Christian) Was erfahren wir nicht? (Genaues Datum der Handlung, das Alter einiger Personen [Jean, Konsulin]). 4. UG: Besprechung der Arbeitsergebnisse, Festlegung der Zeit der Handlung: Oktober 1835, kurze historische Orientierung (Zollverein 1834, erste Eisenbahn Nürnberg–Fürth 1835). 5. UG: Gottholds Brief. Möglicher Einstieg durch die Frage: Was ist von diesem Brief zu halten, bringt er eine berechtigte Forderung zum Ausdruck oder ist er als freche Heuchelei abzutun? (A): PA: Kurze Materialsammlung zu einem Plädoyer a) für Gotthold *oder* b) für Johann Buddenbrook und den Konsul (Hinweis auf die Formulierung **fromme Geldgier,** 46). bei (A): 6. SV: Vortrag von je einem oder zwei Plädoyer(s), hierauf Diskussion des Briefes. Es sollte klar werden, dass der Autor die christlichen Äußerungen der Halbbrüder in ironischen Kontrast setzt zu ihrer Geldgier (Gotthold) bzw. ihrem ausgeprägten Geschäftssinn (Jean).	HA: Lesen Sie den 2. Teil des Romans. Setzen Sie dabei folgende Schwerpunkte: a) Charakterisierung der Kinder, d. h. Thomas, Tony, Christian b) Angaben zum Kapitalvermögen der Familie
1. GA: Wählen Sie als Gruppe eins der folgenden drei Themen: a) Was für Eigenschaften und Charakterzüge werden Thomas im 2. Teil des Romans zugeschrieben? (Benutzen Sie vor allem die Passagen auf den Seiten 65, 67,74 f., 79.) Welche dieser Eigenschaften und Charakterzüge werden seinem Vater besonders gefallen? Begründen Sie Ihre Aussage. b) Was für Eigenschaften und Charakterzüge werden Tony im 2. Teil des Romans zugeschrieben? (Benutzen Sie vor allem die Passagen auf den Seiten 59 f., 62–64, 79, 82.) Welche dieser Eigenschaften und Charakterzüge werden ihrem Vater missfallen? Begründen Sie Ihre Aussage. c) Was für Eigenschaften und Charakterzüge werden Christian im 2. Teil des Romans zugeschrieben? (Benutzen Sie vor allem die Passagen auf den Seiten 65, 67 f., 79–82.) Welche dieser Eigenschaften und Charakterzüge werden seinem Vater missfallen? Begründen Sie Ihre Aussage. (Der Konsul schätzt vor allem die Eigenschaften, die er an Klothilde lobt: **Bete und arbeite. […] Unsere Tony soll sich ein Beispiel daran nehmen. Sie neigt nur allzu oft zu Müßiggang und**	HA: Lesen Sie den 3. Teil des Romans. PRO HA: Auf den Seiten 141 Mitte–144 wird dargestellt, wie Morten Tony über Herrn Grünlich befragt und welche Konsequenzen diese Frage hat. Formen Sie diese Szene um. Wie hätte Tony sie in ihr Tagebuch geschrieben?

Stunden	Thema	Didaktische Aspekte (Inhalte/Ziele)
3.		
4. LK Additum	*Buddenbrooks*, 2. Teil. Großbürgertum der Hansestädte	Es soll erkannt werden, wie günstige Situationen und kaufmännisches Geschick den Aufstieg der Familie Buddenbrook zum Großbürgertum ermöglichen. Es soll erkannt werden, mit welcher Ironie der Autor das ›christliche‹ Denken des Konsuls darstellt.
5./6.	*Buddenbrooks*, 3. Teil. Tony und Grünlich, Tony und Morten	1) Es soll erkannt werden: a) dass Tony auf Drängen der Eltern, die durch Erwägungen zugunsten der Konvention, des Ansehens, des Standes, der Firma motiviert sind, auf ihre große Liebe (Morten) verzichten muss. b) dass sich die Eltern in Grünlich irren. c) dass Tony sich schließlich – nicht ohne Wichtigtun und persönliche Eitelkeit – zu den Forderungen der Eltern bekennt. 2) Die indirekte Kritik des Autors an den Geschehnissen sollte deutlich werden.

Methodische Realisierung/ Verlauf	Hausaufgabe
Übermut (13). Christians mangelnde Ernsthaftigkeit und vor allem seine Neigung zu einer Schauspielerin alarmieren den Vater. Und er wird dagegen Sohn Thomas loben, weil dieser **seinem Beruf mit Ernst und Eifer** entgegenblickt. (75) 2. UG: Ergebnisbesprechung. Thomas' Charakterisierung ist zuletzt zu besprechen. Von hierher dann Übergang zu 3. Lesen der Textpassage auf S. 75: **Er** [Thomas] **war mit Hingebung bei der Sache und ahmte den stillen und zähen Fleiß des Vaters nach** [...] – **denn es galt, die bedeutenden Mittel wieder einzubringen, die beim Tode des Alten der ›Firma‹, diesem vergötterten Begriff, verlorengegangen waren ...** 4. Eröffnungsfrage: Wie steht es um die Mittel der Firma? 5. UG mit TA: Wiedergabe der Bilanz (77 f.). Diskussion, inwieweit die Firma als **vergötterter Begriff** im Text schon in Erscheinung getreten ist und inwieweit sie das Leben der Familie bestimmt.	
UG: Vertiefung der Besprechung des Aufstiegs der Familie Buddenbrook anhand der Aufzeichnungen in der Familienchronik.	HA (SV): Die politische Bedeutung der studentischen Bewegung im Vormärz, besonders um 1845 (zu dieser Zeit spielt der dritte Teil der *BUDDENBROOKS*); Burschenschaften.
1. SV: Vortrag der PRO HA: Tonys Tagebuch. Es wird daraus hervorgehen, dass sie sich in Morten verliebt hat und ihn heiraten will. 2. Lesen einer Textstelle. Konfrontation der Tagebucheintragungen mit der Textstelle S. 104 unten: **Tony saß bewegungslos** bis Kapitelende S. 105 unten. Tony erkennt ihre Verpflichtungen gegenüber Familie und Firma an, dies geschieht jedoch nicht ganz ohne Eitelkeit und persönliche Wichtignahme. 3. UG: Erörterung des Konflikts *persönliche Gefühle – Verpflichtungen* gegenüber Familie, Firma, Gesellschaft. Analyse der Entscheidung Tonys für Grünlich. Diskussion des Verhaltens der Eltern, insbesondere der Väter. 4. Lehrerfrage, einleitend zu UG: Wird die Einstellung des Autors zu den dargestellten Geschehnissen erkennbar? Falls ja, in welcher Weise?	HA: 1) Lesen Sie den 4. und 5. Teil des Romans (GK in Auszügen, LK ganz). Schwerpunkte: a) Unterschied in den Geschäftspraktiken der Buddenbrooks und Hagenströms b) Charakterisierung Thomas' und Gerdas 2) Informieren Sie sich in Ihren Geschichtsbüchern über die Revolution von 1848 in Deutschland.

Stunden	Thema	Didaktische Aspekte (Inhalte/Ziele)
7. LK Additum	*Buddenbrooks*, 3. Teil, vor allem 8. Kap. Morten als Vertreter bürgerl.-lib. Ziele (Burschenschaften)	Mortens politischer Standort soll deutlich werden, ebenso seine Abgrenzung gegenüber dem Großbürgertum der Buddenbrooks.
8.	*Buddenbrooks*, 4. und 5. Teil. Grünlichs Bankrott, Abtreten der älteren Generation, Thomas und Gerda	Es soll erkannt werden, dass in beiden Teilen an mehreren Beispielen eine Zeit des Umbruchs dargestellt wird, allgemein und für die Buddenbrooks speziell. a) Revolution 1848 b) moderne Geschäftspraktiken c) Thomas als Firmenchef d) Mit Gerda tritt das künstlerische Element in die Familie. e) Repräsentation spielt eine immer größere Rolle.
9./10.	*Buddenbrooks*, 5. Teil, 9. Kap. sowie 6. und 7. Teil	Es soll erkannt werden, dass auch Tonys 2. Ehe scheitern muss, weil Tony sie nicht auf der Basis emotionaler Bindungen und gegenseitigen Verstehens eingeht, sondern sie als Instrument dazu benutzen will, ihr gesellschaftliches Ansehen (und das ihrer Familie) wiederherzustellen.

Methodische Realisierung/ Verlauf	Hausaufgabe
1. UG: Analyse des Gesprächs zwischen Tony und Morten (3. Teil, 8. Kap.). Mortens Abgrenzung des Bürgertums (gegen den Adel gewandt) gegenüber dem Großbürgertum (dem Adel zugeneigt) muss dabei deutlich werden. (Vgl. 136, 138.) 2. SV: Bedeutung der studentischen Bewegung (Burschenschaften) in der Restaurationszeit bzw. im Vormärz.	
1. SV: Revolution von 1848 2. UG: Besprechung der in der HA gesetzten Schwerpunkte: a) Die Buddenbrooks müssen sich auf neue Geschäftspraktiken einstellen, wenn sie im Wettbewerb erfolgreich bestehen wollen. Erfahrung durch den Bankrott Grünlichs. b) In Thomas' und Gerdas Leben spielt Luxus und übersteigerte Lebensart sowie (vor allem durch Gerda) die Musik eine große Rolle. Ausgeprägter Hang zur Repräsentation, zum Extravaganten.	HA: Lesen Sie den 6. und 7. Teil des Romans. Fragen zur HA: a) Hat Tony aus ihren Erfahrungen mit Grünlich gelernt? Heiratet sie jetzt, wo sie nicht mehr bevormundet wird, den Mann ihrer Wahl? (Vgl. Sie hierzu die Textpassagen 298–303 und 388.) b) Unter welchen Voraussetzungen macht sich Thomas an den Bau des neuen Hauses in der Fischergrube?
1. UG: Vergleichende Behandlung der Textpassagen 298–303 (Tonys Voraussetzungen für die neue Ehe, sie will angerichteten Schaden wieder gutmachen) und 388 (Tonys Ehe in München ist gescheitert). Frage: Woran liegt es, dass auch Tonys 2. Ehe scheitert? Hierzu mögliche Beiträge: a) Vonseiten Tonys vgl. Spalte »Didaktische Aspekte« b) Vonseiten Permaneders bzw. Münchens: mangelnder Ehrgeiz Permaneders, die Szene mit Babette, mangelndes Verständnis Permaneders für Tony, fremde Umgebung, Tod des Kindes usw. Versuch eines Resümees: Tony und Permaneder passen nicht zueinander. Tony hat ihre Ehe zu sehr in den Dienst der Familie gestellt (341). Sie hat sich dabei zu wenig auf den Partner eingestellt. 2. LV: Hinweis auf die Taufe Hannos (7. Teil, 1. Kap.). Hinweis auch darauf, dass Tony sich selbst eine so großartige Tauffeier gewünscht hätte. Parallele zum Empfang Thomas' und Gerdas nach der Hochzeitsreise (289 ff.). Tony hätte sich auch eine solche Eheschließung, eine solche standesgemäße und günstige Partie gewünscht. An dieser Stelle wird die HA gestellt.	PRO HA: Verfassen Sie einen Brief, in dem Tony einer engen Freundin über die Taufe Hannos berichtet.

Stunden	Thema	Didaktische Aspekte (Inhalte/Ziele)
9./10.		
11./ 12.	*Buddenbrooks*, 7. Teil. Erzähltechnik	Die Begriffe Erzähler, Erzählsituationen, erzählte Zeit, Erzählzeit, Erzähltempo sollen eingeführt und anhand der Analyse von Teil 7, Kap. 1 sowie von weiteren Textstellen veranschaulicht werden.

Methodische Realisierung/ Verlauf	Hausaufgabe
3. UG: Ausführliche Analyse der Textstelle »Einzug ins neue Haus« (418–426) nach der Darstellung im Kapitel 9.1. Wiederaufnahme der in der HA gestellten Frage 2. Austeilen und Betrachten der Abb. des Buddenbrook-Hauses (Mat. 11). Vergl. mit der Beschreibung des neuen Hauses.	
1. SV: Vorlesen einiger Briefe der PRO HA. 2. UG: Vergleich mit dem Text (395 ff.) Frage nach dem Unterschied des Blickwinkels, der Perspektive a) im Brief Tonys (alles aus Tonys Sicht) b) im Roman (ein Erzähler?) Fragen zur Perspektive der Romantextstelle: Wird das Kap. 1 (395 ff.) aus dem Blickwinkel einer der handelnden oder auftretenden Personen erzählt? (Ist zu verneinen.) Erzählt die Geschichte sich sozusagen selbst? (Ist vorläufig und bedingt zu bejahen.) Wer spricht den ersten Satz und die Sätze: **ein Erbe! Ein Stammhalter! Ein Buddenbrook! Begreift man, was das bedeutet?** (396), **Wie bleich sie noch ist!** (397), **Und der zweite Pate?** (399)? 3. LV oder Arbeitspapier: Begriff des Erzählers. (Hierbei Hinweis auf den Anfang des 5. Kapitels [des 7. Teils], 418, nützlich.) Abgrenzung Autor – Erzähler, Problematik der Annahme eines Erzählers, Einführung der Begriffe der auktorialen, personalen und Ich-Erzählsituation. 4. Gemeinsame Rückbesinnung unter der Fragestellung: Wie viel Zeit ist seit dem Romananfang bis zur Taufe Hannos vergangen? Erinnerung: Romananfang spielte im Herbst 1835. Wann findet die Taufe statt? Hinweis: Zeitangaben finden sich vor allem am Anfang und Ende der Teile bzw. Kapitel, hier 396: **der Frühling des Jahres 61.** Hierauf Aufgabenstellung zu 5. GA: Verschaffen Sie sich einen Überblick über den Zeitraum, in dem die bisher gelesene Handlung des Romans spielt (Teile 1–7). Erarbeiten Sie hierfür eine Aufstellung, in der Sie für jeden einzelnen Teil des Romans die Anzahl der Seiten und die kalendarische Zeit, in der die Handlung des entsprechenden Teils spielt, einander gegenüberstellen. (Hilfe und Beispiel: Teil 7, Beginn S. 395, Ende S. 438, Differenz: 43 Seiten. Beginn: Frühling 61, Ende: Vgl. S. 436: **Der […] Friede von 65.** Die Handlung dieses Teils spielt also vom Frühjahr 1861 bis zum Herbst 1865. Auf 43 Seiten werden Ereignisse, die sich innerhalb von $4^1/_2$ Jahren abspielten, dargestellt.) 6. UG, TA: Sammeln der in der GA festgestellten Ergebnisse. Vgl. hierzu das Kap. 3 »Aufbau des Romans, inhaltlicher Abriss«. Vergleich der Relation zwischen Dauer der erzählten Zeit und Seitenzahl von Teil zu Teil. Feststellen der Unterschiede. 7. LV, UG: Hiervon ausgehend Ableitung und Nennung der Begriffe erzählte Zeit, Erzählzeit und Erzähltempo. Hinweis darauf,	HA: Lesen Sie den 8. und 9. Teil des Romans. Beachten Sie dabei besonders, welche Anzeichen des Niedergangs der Firma und Familie Buddenbrook zu erkennen sind.

Stunden	Thema	Didaktische Aspekte (Inhalte/Ziele)
11./ 12.		
13.	*BUDDENBROOKS*, 8. und 9. Teil	Es soll erkannt werden, dass der Aufstieg der Firma zeitlich begrenzt ist, dass der Niedergang einsetzt.

Methodische Realisierung/ Verlauf	Hausaufgabe
dass Wechsel im Erzähltempo auch innerhalb eines Teils oder sogar Kapitels häufig vorkommt. Die Aussagekraft der in der GA erarbeiteten Tabelle ist also begrenzt, da in ihr nur Durchschnittswerte für die einzelnen Teile abgelesen werden können.	
Im UG wird genannt und als TA stichwortartig festgehalten, welche Probleme die Familie Buddenbrook beschäftigen: a) Erikas Ehe ist nicht glücklich. b) Hanno fantasiert nachts. c) Thomas ist am Ende seiner Kräfte, was er nur noch mühsam verbirgt. d) Thomas lässt sich halbherzig auf riskante und fragwürdige Geschäfte ein (Ernte auf dem Halm kaufen). e) Beim Jubiläum versagt Hanno. f) Weinschenk werden Unregelmäßigkeiten vorgeworfen. g) Die Konsulin stirbt, Christian will sein Erbteil, Streit zwischen ihm und Thomas.	HA I: Lesen Sie den 10. Teil des Romans. Hierzu die Frage: Welche Vorstellungen hat Thomas von der Zukunft seines Sohnes? Wie weit geht er dabei auf Hannos Fähigkeiten und Vorstellungen ein? HA II: Austeilen von zwei Arbeitsblättern, die sich mit der Philosophie Schopenhauers und Nietzsches befassen und die vorbereitend auf Thomas' Schopenhauer-Erlebnis gelesen werden sollen: a) Abriss der Philosophie Schopenhauers. Dieses Arbeitspapier besteht aus dem Kapitel »Schopenhauers Philosophie« dieser Interpretation sowie aus dem Auszug aus Schopenhauers Werk *Die Welt als Wille und Vorstellung* (Mat. 8). b) Nietzsches Bild vom ›höheren Menschen‹. Dieses Arbeitspapier be-

Stunden	Thema	Didaktische Aspekte (Inhalte/Ziele)
13.		
14./ 15. LK Additum	*Buddenbrooks*, 8. und 9. Teil. Niedergang der Familie und der Firma. Ambivalenz der ›Kunst‹ (im Sinne Th. Manns)	Es sollen die Gründe für den Niedergang analysiert und erkannt werden. Es soll erkannt werden, dass das Element der Kunst einerseits Sensibilisierung und Verfeinerung mit sich bringt, andererseits aber Mangel an Lebenstüchtigkeit und Kraft.
16./ 17.	*Buddenbrooks*, 10. Teil	Es sollen die philosophischen Hintergründe erkannt werden, besonders im Hinblick auf das Schopenhauer-Erlebnis Thomas Buddenbrooks. Es soll erkannt werden, in welchem Verhältnis Thomas und Gerda zu Hanno stehen.

Methodische Realisierung/ Verlauf	Hausaufgabe
	steht aus dem 2. Absatz des Kapitels »Die Philosophie Nietzsches« sowie dem im Kapitel »Thomas Manns Schopenhauer-Erlebnis« abgedruckten Auszug aus Nietzsches Werk *Also sprach Zarathustra*.
1. GA: Sammeln einzelner Textstellen, die die Tendenz zum Luxus und zur Repräsentation und den Mangel an Natürlichkeit und Gefühl erkennen lassen. (Hierzu sind Rückgriffe bis in den 6. Teil [Tonys Äußerungen über Ehepflichten, Familienehre] und 7. Teil [Taufe, Einzug ins neue Haus] nützlich. Auch Thomas' **Eitelkeit** und Gerdas rätselhafte Schönheit sollten in diesem Zusammenhang erwähnt werden.) 2. UG: Auswertung der GA im Hinblick auf die Lernziele: Das Festhalten an überkommenen Idealen erweist sich als schädlich für die Entwicklung der Familie und der Firma. 3. UG: Gerda und Hanno verkörpern einen anderen Menschentyp als die übrigen Familienmitglieder. Charakterisierung der beiden. Bedeutung der Musik.	Für die nächste Unterrichtseinheit des LK müssen Schülerreferate aufgegeben werden, die den philosophischen Hintergrund des Romans erläutern helfen: a) Aufklärung (bezogen auf die Person Johann Buddenbrooks) b) Pietismus (bezogen auf die Person des Konsuls)
1. UG: Besprechung der Arbeitsblätter über Schopenhauer und Nietzsche, Bezugnahme auf das Schopenhauer-Erlebnis Thomas Buddenbrooks, Feststellung der Vermischung beider Philosophien (vgl. Kap. 5.2) in Verbindung mit der exemplarischen Analyse des Schopenhauer-Erlebnisses in Kap. 9.2. 2. StA: Fragestellung: Was bringt für Thomas das Schopenhauer-Erlebnis hinsichtlich der Gestaltung seines zukünftigen Lebens? (Fast nichts, es erfasst ihn heftig, aber vergeht dann wie ein Rausch.) 3. UG: Besprechung der Ergebnisse der StA. 4. UG: Besprechung der in der HA gestellten Frage nach der Beziehung zwischen Thomas und Hanno. Für Thomas zählen nur die Fähigkeiten zur Repräsentation und der Erfolg.	HA I: Lesen Sie den 11. Teil des Romans. Hierzu Fragen: a) Wie wird im 2. Kap. die Schule dargestellt? b) Worin besteht der **neue Geist** (722), der mit Direktor Wulicke in die Schule einzieht? HA II: Verteilen eines Arbeitsblattes, das sich mit dem Einfluss Wagners auf Th. Mann befasst und das vorbe-

Stunden	Thema	Didaktische Aspekte (Inhalte/Ziele)
16./ 17.		
18./ 19. LK Additum	*BUDDENBROOKS*, 10. Teil. Philosophischer Hintergrund	Die für den Grundkurs genannten Ziele werden vertieft (Schopenhauer, Nietzsche) bzw. ergänzt (Aufklärung, Pietismus).
20.	*BUDDENBROOKS*, 11. Teil. Hanno in der Schule	Es soll erkannt werden, dass Th. Mann die Schule darstellt als Abbild des Lebens (vgl. Kap. 4.7 »Johann (Hanno) Buddenbrook«), dem Hanno sich nicht gewachsen fühlt und aus dem heraus er sich in den Bereich der Musik flüchtet. Es soll erkannt werden, wie sich die Schule (als Abbild der Gesellschaft und des Lebens) entwickelt hat.
21./ 22. LK Additum	*BUDDENBROOKS*, 11. Teil. Leben – Kunst	Es soll erkannt werden, dass der Autor eine Polarität Leben – Kunst annimmt und dass mit dem Schulkapitel (11. Teil, 2. Kap.) Kritik am Leben überhaupt geübt wird, und zwar durch Hanno als Repräsentanten der Kunst. (Vgl. hierzu auch das Kap. 7.4 »Ironie, Humor«.)

Methodische Realisierung/ Verlauf	Hausaufgabe
	reitend zum Schluss des Schulkapitels gelesen werden soll. Thematik: a) Technik des Leitmotivs b) Hanno und die Musik Dieses Arbeitspapier besteht aus dem Textauszug: Th. Mann, *DER FRANZÖSISCHE EINFLUSS* (Mat. 9).
1. SRef: Aufklärung 2. SRef: Pietismus 3. UG: Besprechung der Referate, ihr inhaltlicher Bezug zum Text. Die Referate sollten recht kurz gehalten werden um der Philosophie Schopenhauers und Nietzsches größeren Raum zu geben.	
1. UG: Analyse der Textstelle 743–751 (Hanno in der Schule, Hanno und Kai) nach Kap. 9.3, dabei auch Behandlung der Frage: Was bedeutet für Hanno die Musik? 2. OHP-Folie: Th. Manns Abgangszeugnis (vgl. Mat. 12). 3. PA: Vergleich: Schule zur Zeit Thomas Buddenbrooks (66), Hannos und heute. 4. UG: Besprechung der Ergebnisse der PA. Recht lässige und gemütliche Atmosphäre zu Thomas' Zeiten. Rigider preußischer Geist (Wulicke) zu Hannos Zeiten. Für die heutige Zeit Schülerbeiträge sammeln und diskutieren; offenes Ergebnis.	PRO HA: Skizze über den Aufbau und Verlauf des Romans. Welche Personen spielen zu welcher Zeit im Verlauf der Handlung eine Hauptrolle? Wo finden sich Schlüsselszenen, die die Handlung weiterführen?
LV: Durch die Vorgabe eines Zitats aus dem Aufsatz Th. Manns *ZU EINEM KAPITEL AUS BUDDENBROOKS* (vgl. das Kapitel 4.7 dieser Interpretation) wird klargestellt, dass die Schule Hannos für das Leben bzw. für die Gesellschaft steht.	HA: Ein Arbeitsblatt mit Beispielen für die Romanrezeption (Mat. 1–4) wird ausgeteilt und zum Lesen aufgegeben.

Stunden	Thema	Didaktische Aspekte (Inhalte/Ziele)
23./ 24.	*Buddenbrooks*, insgesamt. Rückblick Zeitablauf Gattung	Der Gesamtverlauf des Romans soll rückblickend und abschließend bewusst gemacht werden. Die Entwicklung der Familie Buddenbrook soll erkannt werden. *Buddenbrooks* sollte als so genannter Familienroman definiert werden, dessen Struktur sich größtenteils aus der Generationenfolge der Familie ablesen lässt. Es sollte auch über die Form des Schlüsselromans gesprochen werden.
25./ 26. LK Additum	*Buddenbrooks*, insgesamt. Überblick und Zusammenfassung. Einordnen des Romans in die deutsche bzw. europäische Literatur seiner Entstehungszeit. Rezeption.	Es soll erkannt werden, dass *Buddenbrooks* in seiner literarischen Qualität und Gattungszugehörigkeit ein in der deutschen Literatur vereinzeltes und gegenüber dem Ausland ein recht spätes Beispiel des modernen psychologisch-naturalistischen Romans ist. An ausgesuchten Beispielen soll die Rezeption des Romans veranschaulicht werden.

5 Klausurvorschläge

Einzelne Aspekte des Romans
(nicht auf bestimmte Textstellen bezogen)

- Worin unterscheiden sich Thomas und Christian Buddenbrook?
- Worin unterscheiden sich Thomas Buddenbrook und Hagenström in ihrer Einstellung zum Geschäftlichen?
- Inwiefern verändert Thomas Buddenbrooks Schopenhauer-Erlebnis seine Einstellung zum Tod?
- Woran scheitern Tony Buddenbrooks Ehen?
- Zeigen Sie am Beispiel Tony Buddenbrooks auf, welche Rolle der jungen Frau in Gesellschaft und Familie im Großbürgertum des 19. Jahrhunderts zugedacht war.
- Wie werden Kirche und Geistliche in *Buddenbrooks* dargestellt?

Methodische Realisierung/ Verlauf	Hausaufgabe
1. UG TA: Besprechung der HA (vgl. hierzu die grafische Darstellung am Ende des Kap. 3). Die Hauptrolle spielt die Generation der Kinder (Thomas, Tony, Christian sowie Hanno). Schlüsselszenen sind z. B.: Die Liebe zwischen Tony und Morten, Eheschließungen, Grünlichs Bankrott, Einzug ins neue Haus, Schopenhauer-Erlebnis. 2. UG: Die Entwicklung der Familie Buddenbrook anhand der Übersicht über den Handlungsverlauf. Diskussion und Interpretation des Untertitels **Verfall einer Familie** mit der Fragestellung, ob der Begriff Verfall nur negativ zu sehen ist. 3. LV: Hinweis auf den Dekadenzbegriff (vgl. hierzu die Kap. 5.3 und 5.4 sowie den Schlussabsatz des Kap. 3). 4. UG: Wiederaufnahme des in der 1./2. Stunde angesprochenen Vergleichs der *Buddenbrooks* mit den gängigen Fernsehfamilienserien (soap operas). *Buddenbrooks* als Familienroman, Generationenroman, Schlüsselroman (vgl. hierzu in »Unterrichtshilfen« im Kap. 2 den Abschnitt »*Buddenbrooks* als Beispiel der Gattung Roman« sowie das Inserat Friedrich Manns im Kapitel »Materialien«.)	
1. UG: Die Art des Unterrichtsverlaufs hängt ab von der Einbettung in übergreifende Sequenzen (Unterrichtsreihen). Heranzuziehen sind die Kapitel, Abschnitte, Artikel über Realismus und Naturalismus der Literaturgeschichten und Handbücher, z. B. Wucherpfennig, Borchmeyer/Žmegač. Auch Th. Manns Aufsätze wie der schon genannte *Zu einem Kapitel aus Buddenbrooks*, aber auch die autobiografischen Essays wie z. B. *Lübeck als geistige Lebensform* sind hilfreich. 2. UG: Rezeption des Romans unter Verwendung des ausgeteilten Arbeitsblattes mit Texten aus dem Kapitel »Materialien«.	

– Was hat sich an der heutigen Schule gegenüber der **Anstalt**, die Hanno Buddenbrook besucht, Wesentliches geändert?
– Ordnen Sie Morten Schwarzkopfs Ansichten in die geistig-politische Entwicklung des 19. Jahrhunderts ein.

Interpretation von Textstellen mit Arbeitsauftrag
Thema 1 (Grundkurs – Leistungskurs mit Zusatz)
Als eine Pause entstand, [...] (96) bis zum Ende des Kapitels (99).
Berücksichtigen Sie bei der Interpretation dieser Textstelle folgende Fragen:
– Wie ist es zu erklären, dass Bendix Grünlich von Tony und von ihren Eltern so unterschiedlich beurteilt wird?
– Wie kommt der Konsul zu seinem Urteil?
– Warum nimmt er die kritischen Einwände Tonys nicht ernst?
– Wie beurteilen Sie seine Einschätzung Grünlichs?

Zusatz für Leistungskurs:
Untersuchen Sie dabei die Sprache, insbesondere den Wortschatz des Konsuls. Vergleichen Sie seine Sprache mit der Grünlichs in diesem Kapitel. Ziehen Sie die Ergebnisse der sprachlichen Untersuchung zur Beantwortung der vorhergehenden Frage mit heran.

Thema 2 (Grundkurs)
[...] **Manchmal finde ich Christian** bis **wie unsere Vorfahren etwas geleistet haben** [...] (264 f.)
Interpretieren Sie diese Textstelle. Was trägt sie zur Charakterisierung Thomas' und Christians bei?
Ziehen Sie weitere Textstellen heran um die unterschiedlichen Charaktere der Brüder darzustellen.

Thema 3 (Leistungskurs)
Aber hier, Ida! [...] (339) bis **So denkt Mutter, und so denkt Tom** [...] (341, oben)
Interpretieren Sie diese Textstelle unter Berücksichtigung folgender Fragen:
- Welche Einstellung zu Liebe und Ehe wird hier deutlich?
- Wie beurteilen Sie Tonys Aussage?
- Ist das Scheitern ihrer Ehen mit dieser Einstellung in Verbindung zu bringen?
- Zeigen Sie auf, wie Tonys Einstellung sich sprachlich äußert. Hierfür können Sie auch andere Textstellen mit heranziehen.

Thema 4 (Grundkurs)
Und dann, plötzlich [...] (650, oben) bis [...] **härter noch als ich** [...] (652)
Untersuchen Sie diese Textstelle.
Was sagt sie aus über Thomas' Verhältnis zu Hanno? Zeigen Sie auf, welche verschiedenen Anlagen und Absichten Thomas und Hanno haben und welche Konflikte dabei entstehen.

Thema 5 (Grundkurs – Leistungskurs mit Zusatz)
Hanno erlebt, wie ein Schüler dabei ertappt wird, eine unerlaubte Hilfe zu benutzen, und einen Tadel **wegen versuchten Betruges** (733) erhält. Hierauf heißt es: **Peter setzte sich und war gerichtet** [...] bis **bläulich umschatteten Augen waren ganz voll von Abscheu, Widerstand und Furcht** [...] (733)
Zeigen Sie auf, wie Hanno die Schule erlebt.
- Wogegen richten sich Abscheu und Widerstand in ihm?
- Wovor hat er Furcht?
- Warum leidet er so viel mehr unter der Schule als seine Mitschüler?

Zusatz für Leistungskurs:
Zeigen Sie auf, aus welcher Perspektive der Autor dieses Ereignis beschreibt. Ziehen Sie dabei die Bemerkung des Autors heran, dass diese Darstellung der Schule **eine Kritik des Lebens, der Wirklichkeit und auch der menschlichen Gesellschaft durch die Kunst** sein soll (RA, 11).

Produktionsorientierte Aufgaben

a) Verfassen Sie ein Gespräch, das Morten Schwarzkopf mit seinem Kommilitonen und engen Freund über seine Erlebnisse in Travemünde führt, nachdem er an seine Universität zurückgekehrt ist (Textgrundlage: 114–152). (Hierbei müssen die Rolle und das Verhalten Tonys, Grünlichs sowie der Eltern Mortens besonders hervorgehoben werden. Wichtig ist die Einhaltung der Perspektive Mortens, aus der alles gesehen und beurteilt werden muss.)
b) Geben Sie in Form eines inneren Monologs Annas Gedanken beim Betrachten des neuen Hauses der Buddenbrooks in der Fischergrube wieder, das ihrem Blumenladen gegenüberliegt.
Thema: Glück und Elend der Armen und der Reichen. (Textgrundlage: 164 ff. und 425 f. sowie das Schicksal der Buddenbrooks allgemein) (Es kann davon ausgegangen werden, dass Anna besonders durch ihre Kunden sehr viel über Thomas', Gerdas und Hannos Schicksal erfährt.)

6 Materialien

Reaktionen und Rezensionen

Otto Anthes (1925): Die Stadt der Buddenbrooks **Material 1**

Der Roman *Buddenbrooks* war im Jahre 1901 erschienen. Ganz kurz darauf wies mir das Schicksal Lübeck als Wohnsitz an. Ich fand die Stadt in einer ungeheuren Erregung über das Buch, das den einen als niedrige Rache eines Mißvergnügten, den anderen als der Ausfluß einer ehrfurchtslosen Frechheit, allen gleichermaßen aber als ein übles Machwerk erschien, mit dem ein mißratener Sohn die Vaterstadt geschändet habe.
Ich war zunächst fassungslos. Ich versuchte von künstlerischen und schriftstellerischen Eigenschaften des Werks zu sprechen; aber man sah mich an, als ob ich den Verstand verloren hätte. Ein Lehrer des Katharineums, [...], der Thomas Mann unterrichtet hatte, schrie mich empört an: »Das soll ein bedeutender Schriftsteller sein? Ich hab ihn im Deutschen gehabt. Er hat nie einen ordentlichen Aufsatz schreiben können.« – Und die dem Roman seine künstlerische Bedeutsamkeit nicht abzusprechen wagten, meinten: Das sei nur um so schlimmer, daß eine solche Begabung sich selber derart mißbraucht habe.

(aus: Klaus Schröter: Thomas Mann im Urteil seiner Zeit. Dokumente 1891 bis 1955, Hamburg 1969, S. 23)

Samuel Lublinski (1904): Die Bilanz der Moderne **Material 2**

Thomas Mann war noch etwas mehr als nur ein talentvoller norddeutscher Erzähler; er war schlechtweg der bedeutendste Romandichter der Moderne, und seinen *Buddenbrooks* ist bis zum heutigen Tage kaum etwas Gleichwertiges aus der zeitgenössischen erzählenden Literatur an die Seite zu stellen. Weder die Jungen noch die Alten noch die vermittelnden Talente unter unsern Erzählern reichen an diese Leistung heran.

(aus: Klaus Schröter: Thomas Mann im Urteil seiner Zeit, a.a.O. S. 28)

Material 3 **Friedrich Mann (1913): Inserat in den »Lübeckischen Anzeigen« vom 28. 10. 1913**
(Friedrich Mann = Vorbild für Christian B.)

Es sind mir im Laufe der letzten 12 Jahre durch die Herausgabe der
Buddenbrocks [sic!],
verfasst von meinem Neffen, Herrn Thomas Mann in München, dermassen viele Unannehmlichkeiten erwachsen, die von den traurigsten Konsequenzen für mich waren, zu welchen jetzt noch die Herausgabe des Alberts'schen Buches *Thomas Mann und seine Pflicht* tritt.
Ich sehe mich deshalb veranlasst, mich an das lesende Publikum Lübecks zu wenden und dasselbe zu bitten, das oben erwähnte Buch gebührend einzuschätzen.
Wenn der Verfasser der *Buddenbocks* [sic!] in karikierender Weise seine allernächsten Verwandten in den Schmutz zieht und deren Lebensschicksale eklatant preisgibt, so wird jeder rechtdenkende Mensch finden, dass dieses verwerflich ist. Ein trauriger Vogel, der sein eignes Nest beschmutzt.

Friedrich Mann, Hamburg

(aus: Hans Wysling und Yvonne Schmidlin: Thomas Mann. Ein Leben in Bildern. Zürich 1994, S. 118)

Material 4 **Marcel Reich-Ranicki (1975): Vorbemerkung (zu der Umfrage »Was halten Sie von Thomas Mann?«)**

Dank Goethe, Schiller und Heine hatten das deutsche Drama und die deutsche Lyrik ein weltweites Echo gefunden. Vom deutschen Roman hingegen wollte Europa, von einer einzigen Ausnahme, den *Leiden des jungen Werthers*, abgesehen, nichts wissen, er blieb unserer Literatur schwächstes Kind. Erst Thomas Mann war es, der schon mit den *Buddenbrooks* den internationalen Ruhm des deutschen Romans begründet und mit späteren Werken, ein halbes Jahrhundert lang, verteidigt und gesteigert hat. Seine Bücher sind in vierzig Ländern erschienen.
Zugleich war es Thomas Mann gegeben, ungeahnte Möglichkeiten der deutschen Sprache zu entdecken und sie auf die höchste uns vorstellbare Ebene zu heben: Er hat sie entwickelt, bereichert und verfeinert wie vor ihm nur Luther und Goethe.
Aber Thomas Mann war nicht nur Deutschlands hervorragendster Romancier, nicht nur ein Genie der Sprache. Sein Werk ist größer als die Summe seiner Romane, Erzählungen und Essays. Indem er die Synthese von künstlerischer Leistung und intellektueller Verantwortung verwirklichte, konnte er in der Weltöffentlichkeit eine Funktion ausüben, die noch nie in der Geschichte Deutschlands einem Schriftsteller, einem Künstler zugefallen war: Er, Thomas Mann, wurde in der Zeit des Dritten Reiches zur weithin sichtbaren, zur repräsentativen Gegenfigur. Die Namen Adolf Hitler und Thomas Mann symbolisierten und symbolisieren nach wie vor die beiden Seiten des Deutschtums. […]

(aus: Marcel Reich-Ranicki (Hsg.): Was halten Sie von Thomas Mann? Achtzehn Autoren antworten. Frankfurt a. M. 1986, S. 19 f.)

Bürgertum des 19. Jahrhunderts

Wolfgang Kaschuba: Bürgerlicher Aufbruch **Material 5**

Zwar noch nicht völlig losgelöst von der alten ständischen Ordnung, doch diese in vieler Hinsicht bereits transformierend, beginnt sich hier [d. h. in der 1. Hälfte des 19. Jh.] das ökonomische, soziale und kulturelle Profil bürgerlicher Existenz allmählich neu zu formen. Karl Marx spricht von den **Klassenbedingungen**, die in dieser Zeit vom deutschen Bürgertum schrittweise geordnet werden; und er meint damit auch die Seite der sozialen und kulturellen Lebensformen, keineswegs nur jene der Produktionsverhältnisse. Namentlich im Blick auf die Kultur bedeutet das eine grundlegende Umgestaltung der Lebenswelten und der Lebensstile städtischer Bürgergruppen, die sich nun nicht mehr einfach in die Schablonen alter ›pfahlbürgerlicher‹ Patrizier- und Honoratiorenmodelle einpassen lassen. Für die zwei, drei Jahrzehnte zwischen deutscher Spätaufklärung und dem beginnenden Biedermeier kann man sogar den Eindruck einer regelrechten bürgerlichen ›Experimentierphase‹ gewinnen. Neue Berufskarrieren und neue Bildungsstrategien werden entwickelt, neue Formen des öffentlichen wie des privaten Lebens gesucht, neue Familienmodelle und Geschlechterrollen erprobt. In den Lebensläufen und Lebensentwürfen spiegelt sich deutlich wider, wie sehr sich die Erfahrungs- und Erwartungshorizonte der Geburtsjahrgänge kurz vor und nach der Wende ins 19. Jahrhundert bereits unterscheiden vom Horizont der Eltern- und der Großelterngeneration.

(aus: Wolfgang Kaschuba: Deutsche Bürgerlichkeit nach 1800. Kultur als symbolische Praxis. In: Jürgen Kocka (Hsg.): Bürgertum im 19. Jahrhundert. Band II: Wirtschaftsbürger und Bildungsbürger. Göttingen 1995, S. 95 f.)

Heinrich Hirschfelder (u. a.): Die Entwicklung des Handels **Material 6**

Eisenbahn, Zollverein und schließlich Reichseinigung setzten der deutschen Industrie und damit auch dem Handel neue, entwicklungsgünstige Rahmenbedingungen. Die Aneignung moderner Techniken und Verfahrensweisen machte die deutsche Produktion zudem international marktfähig. Deutschland war auf dem Weg zu einer wirtschaftlichen Großmacht, wie die Entwicklung des Exports zeigte.

Die Expansion setzte sprunghaft nach 1850 ein. In dem Jahrzehnt bis 1860 stieg die deutsche Ausfuhr stärker als die Einfuhr, und im selben Zeitraum eroberte sich Deutschland den Platz der drittgrößten Handelsnation in Europa, hinter dem führenden Großbritannien und Frankreich. Damit einher ging eine Strukturveränderung innerhalb des Handels. Hatten bei der Ausfuhr in der vorangegangenen Periode noch Nahrungsmittel (Getreide, Rübenzucker) obenan gestanden und bei den gewerblichen Erzeugnissen textile Halb- und Fertigprodukte, so verschoben sich nun die Gewichte zugunsten industrieller Fertigprodukte, wie Maschinen und Präzisionsgeräte, und zugunsten von Eisen und Stahl.

(aus: Heinrich Hirschfelder (u. a.): Zwischen Beharrung und Aufbruch. Bamberg 1988, S. 222)

Material 7 **Emil Homberger: Die Aporien des Realismus**

Was heißt es daß der Dichter der Natur den Spiegel vorhalten soll? Welcher Spiegel vermag die Natur wiederzugeben? Und welche Natur vermag wiedergegeben zu werden?
Die Wirklichkeit ist endlos in Zeit und Raum, Erscheinung folgt auf Erscheinung; ihr grenzenloses Nebeneinander und Nacheinander – wie kann es in ein Bild gefaßt werden? Das Unternehmen wäre hoffnungslos wenn der Spiegel welcher die Natur abbilden soll ein toter Körper wäre, gleichsam eine Glas- oder Metallfläche, worauf die Erscheinungen im Vorüberhuschen sich abzeichneten. In ihrer Unbegrenztheit, in ihrem wirren Gedränge, in ihrer unsteten Flucht – wie vermöchten sie ein klares und bleibendes Bild zu hinterlassen? Aber nicht auf einer toten Fläche, sondern in dem lebendigen Geiste des Dichters malen sich die Dinge, und dieser lebendige Geist, nachdem er die Eindrücke leidend empfangen, gestaltet sie tätig zum dauernden Bilde. Er gestaltet sie zum Bilde, nicht indem er die Erscheinungen alle abzubilden sucht, sondern indem er das Wesentliche in ihnen, das Bedeutende, das Dauernde, das Notwendige festhält – mit einem Wort: er gibt statt des Zufälligen das Gesetz, statt der Wirklichkeit die Wahrheit, aber – denn er ist ja Dichter, nicht Philosoph – das Gesetz in der Form des Zufälligen, die Wahrheit im Kleide der Wirklichkeit.

(aus: Gerhard Plumpe (Hsg.): Theorie des bürgerlichen Realismus. Stuttgart 1995, S. 153)

Texte zu Schopenhauer und Wagner

Material 8 **Arthur Schopenhauer: Der Tod**

Der Tod ist die große Zurechtweisung, welche der Wille zum Leben, und näher der diesem wesentliche Egoismus, durch den Lauf der Natur erhält; und er kann aufgefaßt werden als eine Strafe für unser Daseyn [...] Er ist die schmerzliche Lösung des Knotens, den die Zeugung mit Wollust geschürzt hatte, und die von außen eindringende, gewaltsame Zerstörung des Grundirrthums unsers Wesens: die große Enttäuschung. Wir sind im Grunde etwas, das nicht seyn sollte: darum hören wir auf zu seyn. – Der Egoismus besteht eigentlich darin, daß der Mensch alle Realität auf seine eigene Person beschränkt, indem er in dieser allein zu existiren wähnt, nicht in den andern. Der Tod belehrt ihn eines Bessern [...] Das Sterben ist der Augenblick jener Befreiung von der Einseitigkeit einer Individualität, welche nicht den innersten Kern unsers Wesens ausmacht, vielmehr als eine Art Verirrung desselben zu denken ist: die wahre, ursprüngliche Freiheit tritt wieder ein, in diesem Augenblick, welcher, im angegebenen Sinn, als eine restitutio in integrum [Wiedereinsetzung in den vorherigen Stand: Ausdruck des römischen Rechts] betrachtet werden kann.

(Aus: Arthur Schopenhauer: Die Welt als Wille und Vorstellung II, 4. Buch, Kap. 41 »Ueber den Tod und sein Verhältniß zur Unzerstörbarkeit unseres Wesens«. Zürich 1977, S. 594 und 596)

Material 9 **Thomas Mann (1904): Der französische Einfluß**

Fragte man mich nach meinem Meister, so müßte ich einen Namen nennen, der meine Kollegen von der Literatur wohl in Erstaunen setzen würde: Richard Wagner. Es sind in der Tat die Werke dieses Mächtigsten, die so stimulierend wie sonst nichts in der Welt auf meinen Kunsttrieb wirken, die mich immer aufs neue mit einer neidisch-verliebten Sehnsucht erfüllen, wenigstens im Kleinen und Leisen **auch der-**

gleichen zu machen, [...] Das Motiv, das Selbstzitat, die autoritative Formel, die wörtliche und gewichtige Rückbeziehung über weite Strecken hin, das Zusammentreten von höchster Deutlichkeit und höchster Bedeutsamkeit, das Metaphysische, die symbolische Gehobenheit des Moments – alle meine Novellen haben den symbolischen Zug –: Diese wagnerischen und eminent nordischen Wirkungsmittel (man findet die meisten davon ja auch bei Ibsen) sind schon völlig Instinkt bei mir geworden.

(aus: Thomas Mann: Selbstkommentare. »Buddenbrooks«. Frankfurt a. M. 1990, S. 28)

Autobiografischer Text Th. Manns

Thomas Mann: Lübeck als geistige Lebensform **Material 10**

Werde ich Sie langweilen, wenn ich Ihnen ein wenig von der Entstehungsgeschichte des Buches erzähle? Ein paar novellistisch präludierende Versuche waren schon vorangegangen, und die psychologische short story war es, die ich endgültig für mein Genre hielt: ich glaubte nicht, daß ich es je mit einer großen Komposition werde aufnehmen können und wollen. Da geschah es, daß ich in Rom, wo ich damals mit meinem Bruder vorläufig lebte, einen französischen Roman, die *Renée Mauperin* der Brüder Goncourt, las und wieder las, mit einem Entzücken über die Leichtigkeit, Geglücktheit und Präzision dieses in ganz kurzen Kapiteln komponierten Werkes, einer Bewunderung, die produktiv wurde und mich denken ließ, dergleichen müsse doch schließlich auch wohl zu machen sein. Nicht Zola also, wie man vielfach angenommen hat – ich kannte ihn damals gar nicht –, sondern die sehr viel artistischeren Goncourts waren es, die mich in Bewegung setzten, und als weitere Vorbilder boten skandinavische Familienromane sich an, legten sich als Vorbilder darum nahe, weil es ja eine Familiengeschichte, und zwar eine handelsstädtische, der skandinavischen Sphäre schon nahe, war, die mir vorschwebte. Auch dem Umfang nach wurde dann etwas den Büchern Kiellands und Jonas Lies Entsprechendes konzipiert: 250 Seiten, nicht mehr, in 15 Kapiteln, – ich weiß es noch, wie ich sie aufstellte. Und so ging es denn an ein Notizenmachen, ein Entwerfen chronologischer Schemata und genauer Stammbäume, ein Sammeln psychologischer Pointen und gegenständlichen Materials, – ich wußte nicht genug, ich wandte mich mit allerlei geschäftlichen, städtischen, wirtschaftsgeschichtlichen, politischen Fragen nach Lübeck, an einen nun längst verstorbenen Verwandten [...], und ich vergesse nie, mit welcher Gefälligkeit er, der Lübecker Kaufmann, von dem doch viel Verständnis für meine offenbar brotlosen Pläne wirklich nicht zu verlangen war, in langen Schreibmaschinen-Ausführungen meiner Ignoranz abzuhelfen suchte.

(aus: Thomas Mann: Essays, Bd. 3. Frankfurt a. M. 1993–97, S. 19)

S. 128 oben: Das Buddenbrook-Haus **Material 11**
(© Museum für Kunst- und Kulturgeschichte der Hansestadt Lübeck)

S. 128 unten: Abgangszeugnis Thomas Manns **Material 12**
(© Archiv der Hansestadt Lübeck)

Katharineum zu Lübeck. Realgymnasium.

Abgangszeugnis.

Paul Thomas Mann geboren den 6. Juni 1875

zu L. ev.-luth. Religion, Sohn des

verstorb. Senators T. J. H. Mann zu L.

hat das Realgymnasium seit Ost. 89 von Klasse UIII an besucht und

gehört seit Ost. 92 der Klasse UII an, aus welcher er jetzt abgeht, um

Versicherungs-Beamter zu w.

Schulbesuch: regelmäßig

Betragen: ~~gut~~ im ganzen gut.

Aufmerksamkeit: } im ganzen vorhanden

Fleiß:

Fortschritte und Leistungen:

Religion recht befr.

Deutsch: mündlich } befr.

schriftlich

Lateinisch:

Schriftsteller mündlich befr.

schriftlich } recht befr.

Grammatik

Französisch: Schriftsteller } befr.

Lesen und Sprechen

Grammatik und schriftlich ~~[illegible]~~ recht befr.

Englisch: Schriftsteller ~~[illegible]~~ } recht befr.

Lesen und Sprechen ~~[illegible]~~

Grammatik und schriftlich ~~[illegible]~~

Geschichte recht befr.

Erdkunde befr.

Mathematik: Geometrie recht befr.

Trigonometrie

Arithmetik befr.

Physik } befriedigend

Chemie

Naturbeschreibung

Rechnen

Zeichnen nur [illegible] befr.

Singen zuletzt befr.

Turnen mangelhaft.

Versetzung: 12 Mrz nach Obersekunda

Bemerkungen:

Lübeck den 16. Mrz 1894

Direktor	Ordinarius der UII
Schubring	Dr. Baethcke

Gebühren: M. 1. 80

M. 1 gut im vollsten Sinne *M.* 2—1 oft gut, recht befriedigend *M.* 2 befriedigend
M. 2—3 nur teilweise befriedigend, mangelhaft *M.* 3 ungenügend.

Stammbaum (genealogische Übersicht) der Familie Buddenbrook

Material 13

Johann Buddenbrook
1765–1842

1. Ehe

verheiratet mit
Josephine …
(gest. 1796)

Sohn
Gotthold B.
(1769–1856)
verheiratet mit
Frl. Stüwing

Töchter
Friederike B.
Henriette B.
Pfiffi B.
(geb. zwischen
1822 und
1824)

2. Ehe

verheiratet mit Antoinette, geb. Duchamps
(?–1842)

Johann (Jean) Buddenbrook (der Konsul)
(ca. 1800–1855), verheiratet mit Elisabeth, geb.
Kröger (1803–1871)

Thomas B.
Senator
(1826–1875)
verheiratet mit
Gerda, geb.
Arnoldsen

Antonie B.
(Tony)
(geb. 1827)
1. Ehe mit
Bendix
Grünlich
2. Ehe mit
Alois
Permaneder

Christian B.
(geb. 1828)
verheiratet mit
Aline, geb. Puvogel

Clara B.
(1838–1864)
verheiratet
mit Sievert
Tiburtius

Hanno B.
(1861–1877)

Erika
Grünlich
(geb. 1846)
verheiratet
mit Hugo
Weinschenk

Elisabeth
Weinschenk
(geb. 1868)

Die oberhalb der gestrichelten Linie aufgeführten Personen treten schon im ersten Teil des Romans auf bzw. werden dort erwähnt (vgl. »Unterrichtssequenzen« 1./2. Std.).

Anhang

Anmerkungen

[1] Zitiert nach Hans Bürgin/Hans-Otto Mayer: Thomas Mann. Eine Chronik seines Lebens, S. 17.
[2] Bürgin/Mayer, vgl. Anm. 1, S. 17.
[3] S. 34 f.
[4] S. 46.
[5] Dieser Aufsatz, eigentlich ein Geleitwort zur Aufnahme der *Buddenbrooks* in die Reihe »The World's Best«, findet sich nicht in der neuen sechsbändigen Ausgabe der Essays Th. Manns. Er ist abgedruckt im Band »Rede und Antwort« der Gesammelten Werke in Einzelbänden (= Frankfurter Ausgabe), Frankfurt a. M. 1984 (dort S. 8 ff., Zitat S. 11).
[6] Aus: Zu einem Kapitel aus *Buddenbrooks*, vgl. Anm. 5, S. 11.
[7] Wie Anm. 6, S. 10.
[8] A.a.O., S. 9.
[9] M. H. Ludwig: Perspektive und Weltbild in Th. Manns *Buddenbrooks*, S. 99.
[10] A.a.O., S. 83.
[11] S. 9.
[12] S. 37.
[13] S. 114 f.
[14] S. 130.
[15] Wysling, Hans: Kap. »Buddenbrooks«, in: Koopmann, Hans (Hsg.): Thomas-Mann-Handbuch, S. 365.
[16] A.a.O., S. 366.
[17] S. 367.
[18] S. 367 f.
[19] S. 374.
[20] S. 368.
[21] S. 376.
[22] Wenzel, Georg, Kap. »Buddenbrooks – Leistung und Verhängnis als Familienschicksal«, in: Hansen, Volkmar (Hsg.): Thomas Mann. Romane und Erzählungen, S. 21.
[23] A.a.O., S. 25.
[24] Lämmert, E.: Kap. »Buddenbrooks«, in: Wiese, B. v. (Hsg.): Der deutsche Roman, S. 194.
[25] Singer, H.: Helena und der Senator.
[26] Hierauf geht Koopmann in seiner Arbeit »Thomas Mann. Konstanten seines literarischen Werks« näher ein.
[27] Aus: Zu einem Kapitel aus *Buddenbrooks*, S. 11, vgl. Anm. 5.
[28] Vogt, J.: Thomas Mann. Buddenbrooks, S. 102.
[29] Dieses Schopenhauer-Erlebnis hat stark autobiografischen Charakter. Vgl. hierzu: Lebensabriß (E 3, 189 f.), aber auch Koopmann in: Thomas Mann. Konstanten seines literarischen Werks, S. 20 f., im Anschluss an Th. Manns Brief an seinen Bruder Heinrich vom 7. 3. 1901.
[30] So Schopenhauer in seinem Hauptwerk: »Die Welt als Wille und Vorstellung« II, 2. Teilband, S. 780.
[31] Nietzsche, Friedrich: Also sprach Zarathustra, S. 296 f.
[32] Aster, E. v.: Geschichte der Philosophie, S. 372.
[33] A.a.O., S. 97.
[34] Borchmeyer, Dieter, in: Borchmeyer, Dieter (Hsg.) und Žmegač, Viktor (Hsg.): Moderne Literatur in Grundbegriffen, S. 69.
[35] A.a.O., S. 74.
[36] Lehnert, Herbert, in: Thomas-Mann-Jahrbuch, Band 9, S. 60.
[37] Wucherpfennig, Wolf: Von den Anfängen bis zur Gegenwart, S. 205.
[38] Hein-Mooren, Dieter u. a.: Von der Französischen Revolution bis zum Nationalsozialismus, S. 160.
[39] Vogt, J.: Thomas Mann. Buddenbrooks, S. 61 und 59 f.
[40] A.a.O., S. 62.
[41] Vogt, a.a.O., S. 54 ff.; Wenzel, a.a.O., S. 28 ff.
[42] A.a.O., S. 109 ff.
[43] Grawe, Christian, a.a.O., S. 74.
[44] Aussage Flauberts, zitiert nach Vogt, a.a.O., S. 43.
[45] In: Moderne Literatur in Grundbegriffen (vgl. Anm. 34), S. 316.
[46] Zitiert nach Vogt, a.a.O., S. 47.
[47] In: Typische Formen des Romans.
[48] Stanzel, Franz: Typische Formen des Romans, S. 16.
[49] Stanzel, a.a.O., S. 17.
[50] Stanzel, a.a.O., S. 21.
[51] Vogt, a.a.O., S. 52.
[52] Vogt, a.a.O., S. 65.
[53] Vogt, a.a.O., S. 84.
[54] Vogt, J.: Aspekte erzählender Prosa, S. 51.
[55] Baumgart, Reinhard: Das Ironische und die Ironie in den Werken Thomas Manns, S. 102.
[56] Koopmann, H., in: Koopmann, H. (Hsg.): Thomas-Mann-Handbuch, S. 836.
[57] Mann, Thomas: Humor und Ironie. Beitrag zu einer Rundfunkdiskussion, im Band: Miszellen, S. 241.
[58] Moulden, K./Wilpert, G. v. (Hsg.): Buddenbrooks-Handbuch, Kap. II, B, 3 ›Montage‹, S. 76.

[59] Vgl. hierzu Th. Manns Brief an Adorno vom 30. 12. 1945:
»Aber ich weiß nur zu wohl, daß ich mich schon früh in einer Art von höherem Abschreiben geübt habe: z. B. beim Typhus des kleinen Hanno Buddenbrook, zu dessen Darstellung ich den betreffenden Artikel eines Konversationslexikons ungeniert abschrieb, ihn sozusagen ›in Verse brachte‹. Es ist ein berühmtes Kapitel geworden.« (SB, 115).

[60] In: Koopmann, H. (Hsg.): Thomas-Mann-Handbuch, S. 374.

[61] Kaufmann, H.: Krisen und Wandlungen der deutschen Literatur von Wedekind bis Feuchtwanger, S. 95 f.

[62] Vgl. hierzu auch Daiches, D.: A Critical History of English Literature, S. 1158, der Galsworthy literarische Qualität abspricht, besonders dort, wo dieser Autor sich um symbolische Darstellung bemüht.

[63] In: Freytag, Gustav: Soll und Haben, S. 846.

[64] In: Mann, Thomas: Buddenbrooks, in der Ausgabe der Reihe: Exempla Classica, S. 519.

[65] Heller, Erich: Thomas Mann. Buddenbrooks; zitiert nach Schillemeit, Jost: Deutsche Romane von Grimmelshausen bis Musil, S. 230 und 233.

[66] A.a.O., S. 177.

[67] A.a.O., S. 15.

[68] Wucherpfennig, W., a.a.O., S. 193.

[69] A.a.O., S. 201.

[70] A.a.O., S. 202.

[71] A.a.O., S. 203.

[72] Vgl. Anm. 9.

[73] S. 98.

[74] S. 88.

[75] S. 99.

[76] A.a.O., S. 239.

[77] A.a.O., S. 253.

[78] Wilpert, G. v., Sachwörterbuch der Literatur, S. 784, Unterschied zur Novelle.

[79] A.a.O., S. 191.

[80] A.a.O., S. 234.

[81] A.a.O., S. 191.

[82] In: Die Buddenbrooks als Gesellschaftsroman, in: DU 11 (1959), 4, S. 88 ff.

Siglenverzeichnis

Für die Werke Th. Manns werden in Zitatangaben folgende Abkürzungen verwendet:

BU:	Betrachtungen eines Unpolitischen, Frankfurt a. M. 1995. Fischer TB 9108
E 1–E 6:	Essays Band 1–6, Frankfurt a. M. 1993–1997. Fischer TB 10899–10904
RA:	Rede und Antwort, Frankfurt a. M. 1984
SB:	Selbstkommentare: *Buddenbrooks*, Frankfurt a. M. 1990. Fischer TB 6892
TK:	Tonio Kröger und Mario und der Zauberer, Frankfurt a. M. 1996. Fischer TB 1381

Literaturverzeichnis

Benutzte Texte Thomas Manns

Buddenbrooks. Frankfurt a. M., 812.–836. Tausend 1996. Fischer TB 9431

Buddenbrooks. Frankfurt, Hamburg 1960. Exempla Classica 13, mit einem Nachwort von Walter Jens

Tonio Kröger und Mario und der Zauberer. Frankfurt a. M., 821.–850. Tausend 1996. Fischer TB 1381 (= TK)

Betrachtungen eines Unpolitischen. Frankfurt a. M., 13.–14. Tausend 1995. Fischer TB 9108 (= BU)

Betrachtungen eines Unpolitischen. Berlin 1918

Briefe 1889–1936, Band 1, o. O. 1961

Essays, Band 1–6. Frankfurt a. M. 1993–1997. Fischer TB 10899–10904 (= E 1–E 6)

Rede und Antwort. Frankfurt a. M. Fischer 1984 (Gesammelte Werke in Einzelbänden = Frankfurter Ausgabe) (= RA)

Selbstkommentare: *BUDDENBROOKS*, Frankfurt a. M. 1990. Fischer TB 6892 (= SB)

Miszellen. Das essayistische Werk. Taschenbuchausgabe in 8 Bänden. Band 8. Hsg. v. Hans Bürgin. Frankfurt a. M. 1968

Benutzte Texte anderer Autoren

Fontane, Theodor: Effi Briest. München 1994. Goldmann Klassiker 1690

Freytag, Gustav: Soll und Haben. München 1978

Galsworthy, John: Forsyte Saga. Hamburg 1955. rororo 123–124

Mann, Katia: Meine ungeschriebenen Memoiren. Frankfurt a. M. 1996. Fischer TB 1750

Nietzsche, Friedrich: Also sprach Zarathustra. Stuttgart 1994. Reclam UB 7111

Nietzsche, Friedrich: Der Fall Wagner. In: Richard Wagner in Bayreuth [...]. Stuttgart 1973. Reclam UB 7126

Schopenhauer, Arthur: Die Welt als Wille und Vorstellung II, 2. Teilband. Frankfurt a. M. und Leipzig 1996. Insel Taschenbuch 1873

Storm, Theodor: Hans und Heinz Kirch. Stuttgart 1995. Reclam UB 6035

Benutzte Sekundärliteratur

Anton, Herbert: Die Romankunst Thomas Manns. Paderborn 1972. Uni-TB 153

Aster, Ernst v.: Geschichte der Philosophie. Stuttgart 1980

Baumgart, Reinhard: Das Ironische und die Ironie in den Werken Thomas Manns. Frankf./Wien 1974

Borchmeyer, Dieter (Hsg.) und Žmegač, Viktor (Hsg.): Moderne Literatur in Grundbegriffen. Tübingen 1994

Braak, Ivo: Poetik in Stichworten. Kiel 1969

Bürgin, Hans und Mayer, Hans-Otto: Thomas Mann. Eine Chronik seines Lebens. Frankfurt a. M. 1974. Fischer TB 1470

Daiches, David: A Critical History of English Literature, Vol. IV. 1975

Grawe, Christian: Struktur und Erzählform. In: Moulden, Ken und Wilpert, Gero v. (Hsg.): Buddenbrooks-Handbuch. Stuttgart 1988

Hein-Mooren, Dieter u. a.: Von der Französischen Revolution bis zum Nationalsozialismus. Bamberg 1992. Buchners Kolleg Geschichte

Heller, Erich: Buddenbrooks. In: Schillemeit, J. (Hsg.): Deutsche Romane von Grimmelshausen bis Musil. Frankfurt, Hamburg 1966. Fischer Bücher des Wissens 716

Hirschfelder, Heinrich u. a.: Zwischen Beharrung und Aufbruch. Bamberg 1988. Buchners Kolleg Geschichte

Homberger, Emil: Die Aporien des Realismus. In: Plumpe, Gerhard: Theorie des bürgerlichen Realismus. Stuttgart 1995. Reclam UB 8277

Jens, Walter: Nachwort zur Ausgabe der Buddenbrooks in der Reihe Exempla Classica s. unter »Benutzte Texte Thomas Manns«

Kaschuba, Wolfgang: Deutsche Bürgerlichkeit nach 1800. Kultur als symbolische Praxis. In: Kocka, Jürgen (Hsg.): Bürgertum im 19. Jahrhundert, Band II: Wirtschaftsbürger und Bildungsbürger. Göttingen 1995

Kaufmann, Hans: Krisen und Wandlungen der deutschen Literatur von Wedekind bis Feuchtwanger. Berlin, Weimar 1969

Koopmann, Helmut: Thomas Mann. Konstanten seines literarischen Werks. Göttingen 1975

Koopmann, Helmut: Thomas-Mann-Handbuch. Stuttgart 1990

Kraul, Fritz: Die Buddenbrooks als Gesellschaftsroman. In: DU 11 (1959)

Lämmert, Eberhard: Bauformen des Erzählens. Stuttgart 1955

Lämmert, Eberhard: Buddenbrooks. In: Wiese, Benno v. (Hsg.): Der deutsche Roman. Vom Barock bis zur Gegenwart./Vom Realismus bis zur Gegenwart II. Düsseldorf 1963

Lehnert, Herbert: Familienfeindlichkeit. In: Thomas-Mann-Jahrbuch, Band 9. Frankfurt a. M. 1996

Ludwig, Martin H.: Perspektive und Weltbild in Thomas Manns Buddenbrooks. In: Brauneck, M. (Hsg.): Der deutsche Roman im 20. Jahrhundert I. Analysen und Materialien zur Theorie und Soziologie des Romans. Bamberg 1976

Martini, Fritz: Deutsche Literaturgeschichte. Stuttgart 1991

Moulden, Ken und Wilpert, Gero v. (Hsg.): Buddenbrooks-Handbuch. Stuttgart 1988

Petersen, Jürgen: Der deutsche Roman der Moderne. Stuttgart 1991

Plumpe, Gerhard: Theorie des bürgerlichen Realismus. Stuttgart 1985. Reclam UB 8277

Reich-Ranicki, Marcel (Hsg.): Was halten Sie von Thomas Mann? Achtzehn Autoren antworten. Frankfurt a. M. 1986. Fischer TB 5464

Schröter, Klaus: Thomas Mann im Urteil seiner Zeit. Dokumente 1891 bis 1955. Hamburg 1969

Singer, Herbert: Helena und der Senator. Versuch einer mythologischen Deutung von Thomas Manns Buddenbrooks. In: Koopmann, H. (Hsg.): Thomas Mann. Wege der Forschung. Band CCCXXXV. Darmstadt 1975. Wissenschaftliche Buchgesellschaft

Stanzel, Franz: Typische Formen des Romans. Göttingen 1974

Stanzel, Franz: Theorie des Erzählens. Göttingen 1995

Vogt, Jochen: Thomas Mann. Buddenbrooks. München 1983. UTB 1074

Vogt, Jochen: Aspekte erzählender Prosa. Opladen 1990

Wenzel, Georg: Buddenbrooks. Leistung und Verhängnis als Familienschicksal. In: Hansen, V. (Hsg.): In-

terpretationen Thomas Mann. Romane und Erzählungen. Stuttgart 1993. Reclam UB 8810
Wilpert, Gero v.: Sachwörterbuch der Literatur. Stuttgart 1989. 7. Aufl.
Wilpert, Gero v.: Kapitel »Die Philosophie«. In: Koopmann, H. (Hsg.): Thomas-Mann-Handbuch
Wucherpfennig, Wolf: Von den Anfängen bis zur Gegenwart. Stuttgart 1996
Wysling, Hans: Kapitel »Buddenbrooks«. In: Koopmann, H. (Hsg.): Thomas-Mann-Handbuch
Wysling, Hans und Schmidlin, Yvonne: Thomas Mann. Ein Leben in Bildern. Zürich 1994

Weitere Literatur zu Thomas Manns »Buddenbrooks«

Abendroth, Walter: Schopenhauer. Reinbek bei Hamburg 1996. rm 131
Bruns, Alken: Jahrhundertwende im Weltwinkel. In: Thomas-Mann-Jahrbuch, Band 9. Frankfurt a. M. 1996
Frenzel, Ivo: Nietzsche. Reinbek bei Hamburg 1997. rm 115
Harpprecht, Klaus: Thomas Mann. Das Leben des letzten deutschen Dichterfürsten. Eine Biographie. Reinbek bei Hamburg 1995
Kästler, Reinhard: (Erläuterungen zu) Thomas Mann. Buddenbrooks. Hollfeld 1995. Königs Erläuterungen und Materialien 264
Koopmann, Helmut: Thomas Mann. Buddenbrooks. Frankfurt a. M. 1995. Grundlagen und Gedanken zum Verständnis erzählender Literatur. Diesterweg 6042
Krüll, Marianne: Im Netz der Zauberer. Eine andere Geschichte der Familie Mann. Frankfurt a. M. 1993. Fischer TB 6951
Loewy, Ernst: Thomas Mann. Ton- und Filmaufnahmen. Ein Verzeichnis. Frankfurt a. M. 1974
Mayer, Hans: Thomas Mann. Werk und Entwicklung. Frankfurt a. M. 1983
Reich-Ranicki, Marcel: Thomas Mann und die Seinen. Frankfurt a. M. 1991. Fischer TB 6951
Renner, Rolf Günter: Verfilmungen der Werke von Thomas Mann. In: Koopmann, H. (Hsg.): Thomas-Mann-Handbuch
Schröter, Klaus: Thomas Mann. Reinbek bei Hamburg 1995. rm 93

Nützlich für Projektreisen zum Ort der Romanhandlung oder für andere Projekte

Baskakov, Alexej: Speisen mit Thomas Mann. Lübeck 1995 (mit Rezepten)
Kommer, Björn R.: Das Buddenbrookhaus. Wirklichkeit und Dichtung. Lübeck 1983. Hefte zur Kunst und Kulturgeschichte der Hansestadt Lübeck 6 (mit Grundrissen und Modellen)
Wißkirchen, Hans: Spaziergänge durch das Lübeck von Heinrich und Thomas Mann. Zürich/Hamburg 1996

Aufschlussreich sind ferner die jetzt vollständig erschienenen Tagebücher Th. Manns (Frankfurt a. M. 1979–1995) sowie die Ausgaben seiner Briefe, vor allem die dreibändige, von Erika Mann herausgegebene (Briefe, Band 1–3, Frankfurt a. M. 1979. Fischer TB 2136–2138).

Der Roman *Buddenbrooks* ist auch gebunden innerhalb der so genannten Frankfurter Ausgabe erhältlich mit ›Nachbemerkungen‹ von Peter de Mendelssohn und einem (Verzeichnis der bisherigen Ausgaben der *Buddenbrooks*). Frankfurt a. M. 1981.

Eine umfassende Bibliografie zu *Buddenbrooks* befindet sich unter Kap. IV, E in: Moulden, Ken und Wilpert, Gero von : Budddenbrooks-Handbuch.

Zeittafel zu Leben und Werk

1875 Geboren am 6. Juni in Lübeck; Eltern: Senator und Großkaufmann Thomas Johann Heinrich Mann (geb. 1840 in Lübeck) und Julia Mann, geborene da Silva Bruhns (geb. 1851 in Angra dos Reis, Brasilien)

1890 Hundertjähriges Jubiläum der väterlichen Firma; Verkauf des Hauses in der Mengstraße

1891 Tod des Vaters; Auflösung der väterlichen Firma

1894 Abgang vom Katharineum mit mittlerer Reife; Übersiedlung nach München; Volontär bei der ›Süddeutschen Feuerversicherungsbank‹

1895/1896 Gasthörer, dann Student an der Technischen Hochschule München

1896/1898 Italienaufenthalt

1887 In Palestrina Beginn der Arbeit an *Buddenbrooks*

1898 Wieder in München, Lektor und Korrektor in der Redaktion des ***Simplicissimus***

1903 Th. Mann lernt Katia Pringsheim, seine spätere Frau, kennen.

1905 Hochzeit mit Katia Pringsheim

1906 *Wälsungenblut* gedruckt, wieder zurückgezogen, dann erst 1921 erschienen

1915 Heinrich Manns Essay über Zola erscheint; Auseinandersetzungen zwischen Heinrich und Thomas Mann

1919 Ehrendoktor der Universität Bonn

1922 Aussöhnung mit Heinrich Mann

1929 Verleihung des Nobelpreises »für seinen großen Roman *Buddenbrooks*« (aus der Urkunde des Nobel-Komitees)

1930 Reise nach Ägypten, dem Hauptschauplatz des Joseph-Romans

1932 Zu Goethes 100. Todestag mehrere Essays und Vorträge über den Dichter

1933 Emigration nach Südfrankreich, dann in die Schweiz; Reise in die USA

1936 Aberkennung der deutschen Staatsbürgerschaft und der Ehrendoktorwürde der Universität Bonn, *Brief an den Dekan der Philos. Fakultät der Universität Bonn*

1938 Vortragsreise durch die USA, dann Übersiedlung; Gastprofessur in Princeton

1939 Die Stockholmer Gesamtausgabe entsteht.

1940 Radiosendungen nach Deutschland (schon seit 1943 »Deutsche Hörer«) bis 1945

1940/1941 Thomas und Katia Mann lassen sich in Kalifornien nieder, wo sie bis 1952 ihren Wohnsitz haben.

1947 Europa-Reise, ohne Deutschland zu besuchen

1949 Mehrere Vorträge zu Goethes 200. Geburtstag; Reise nach Deutschland, wo er in Frankfurt am Main und in Weimar anlässlich ihm verliehener Goethe-Preise spricht.

1952 Wohnsitz in Zürich, seit 1954 in Kilchberg; Verleihung des Kreuzes der Ehrenlegion

1955 Zu seinem 80. Geburtstag werden sein Werk und sein Wirken weltweit gewürdigt.
Er stirbt am 12. August in Zürich.

Romane und Novellen

1894 *Gefallen*

1898 *Der kleine Herr Friedemann, Tobias Mindernickel, Luischen* u. a.

1901 *Buddenbrooks* (Beginn der Arbeit 1897)

1903 *Tonio Kröger, Tristan*

1909 *Königliche Hoheit*

1912 *Tod in Venedig*

1922 *Bekenntnisse des Hochstaplers Felix Krull. Buch der Kindheit* (Fragment entspricht dem 1. Buch des 1954 veröffentlichten Werks)

1924 *Zauberberg* (Beginn der Arbeit 1913)

1926 *Unordnung und frühes Leid*

1930 *Mario und der Zauberer*

1933 *Die Geschichte Jakobs.* 1. Teil des Joseph-Romans (Beginn der Arbeit 1925)

1934 *Der junge Joseph.* 2. Teil des Joseph-Romans

1936 *Joseph in Ägypten.* 3. Teil des Joseph-Romans

1939 *Lotte in Weimar* (Beginn der Arbeit 1937)

1943 *Joseph, der Ernährer.* 4. und letzter Teil des Joseph-Romans

1944 *Das Gesetz* (Die Moses-Novelle)

1947 *Doktor Faustus* (Beginn der Arbeit 1943)

1951 *Der Erwählte* (Beginn der Arbeit 1947)

1953 *Die Betrogene*

1954 *Bekenntnisse des Hochstaplers Felix Krull.* Der Memoiren erster Teil. (Beginn der Arbeit 1909!)

Drama

1905 *Fiorenza*

Essays und Abhandlungen

1918 *Betrachtungen eines Unpolitischen* (Beginn der Arbeit 1915)

1922 *Von deutscher Republik.* Rede

1930 *Deutsche Ansprache* (Warnung vor dem anwachsenden Nationalsozialismus)

1935 *Leiden und Grösse der Meister.* Essayband (Letzte Veröffentlichung eines Werkes von Th. Mann in Deutschland bis zum Ende des Krieges)

1945 *Deutschland und die Deutschen.* Rede

1949 *Die Entstehung des »Doktor Faustus«*

1955 *Versuch über Schiller* und andere Reden über Schiller zum 150. Todestag des Dichters

(Werkauswahl)